Responsabilidade Civil
por Erro Judiciário

Responsabilidade Civil por Erro Judiciário

UMA REALIDADE OU UM PRINCÍPIO POR CONCRETIZAR?

Ana Celeste Carvalho

2012

RESPONSABILIDADE CIVIL POR ERRO JUDICIÁRIO

AUTORA
Ana Celeste Carvalho

EDITOR
EDIÇÕES ALMEDINA, S.A.
Rua Fernandes Tomás nºs 76, 78, 80
3000-167 Coimbra
Tel.: 239 851 904 · Fax: 239 851 901
www.almedina.net · editora@almedina.net

DESIGN DE CAPA
FBA.

PRÉ-IMPRESSÃO
EDIÇÕES ALMEDINA, S.A.

IMPRESSÃO E ACABAMENTO
Pentaedro, Lda.
Fevereiro, 2012

DEPÓSITO LEGAL
339881/12

Apesar do cuidado e rigor colocados na elaboração da presente obra, devem os diplomas legais dela constantes ser sempre objeto de confirmação com as publicações oficiais.

Toda a reprodução desta obra, por fotocópia ou outro qualquer processo, sem prévia autorização escrita do Editor, é ilícita e passível de procedimento judicial contra o infrator.

BIBLIOTECA NACIONAL DE PORTUGAL – CATALOGAÇÃO NA PUBLICAÇÃO

CARVALHO, Ana Celeste

Responsabilidade civil por erro judiciário
(Monografias)
ISBN 978-972-40-4716-4

CDU 347

ABREVIATURAS

CC	–	Código Civil
CCP	–	Código dos Contratos Públicos
CPC	–	Código de Processo Civil
CPP	–	Código de Processo Penal
CPTA	–	Código de Processo nos Tribunais Administrativos
CSM	–	Conselho Superior de Magistratura
CSMP	–	Conselho Superior do Ministério Público
CSTAF	–	Conselho Superior dos Tribunais Administrativos e Fiscais
DL	–	Decreto-Lei
EMJ	–	Estatuto dos Magistrados Judiciais
EMP	–	Estatuto do Ministério Público
ETAF	–	Estatuto dos Tribunais Administrativos e Fiscais
RRCEE	–	Regime da Responsabilidade Civil Extracontratual do Estado e Demais Entidades Públicas
STA	–	Supremo Tribunal Administrativo
STJ	–	Supremo Tribunal de Justiça
TC	–	Tribunal Constitucional
TCA	–	Tribunal Central Administrativo
TEDH	–	Tribunal Europeu dos Direitos do Homem
TJUE	–	Tribunal de Justiça da União Europeia

Às minhas Filhas:
Ana Carolina e *Ana Catarina*

O presente trabalho corresponde, nas suas linhas essenciais, embora com alguns desenvolvimentos, à dissertação de Mestrado em Direito Administrativo e Contratação Pública, na Faculdade de Direito de Lisboa da Universidade Católica Portuguesa, entregue em 28 de Outubro de 2010 e discutida em 9 de Fevereiro de 2011, perante um Júri constituído pelos Senhores Professores Doutores Rui Medeiros, na qualidade de Presidente, Mário Aroso de Almeida, na qualidade de Orientador e Luísa Neto, na qualidade de Arguente, a quem agradeço os importantes comentários e sugestões deixados nessa ocasião.

Dirijo um agradecimento particular ao Professor Mário Aroso de Almeida, por todas as importantes sugestões e pistas de reflexão que foi deixando ao longo do período que precedeu a entrega do trabalho, assim como todo o seu apoio e incentivo, prestado ao longo do meu percurso profissional e académico.

Constitui igualmente uma parte fundamental no processo de elaboração deste trabalho, que merece ser realçado, o *ambiente judiciário* que assola o meu quotidiano e que embora tenha servido de estímulo, obrigou, simultaneamente, a um esforço acrescido no necessário distanciamento na procura das soluções ora assumidas.

Agradeço ainda pelo apoio e pelo forte incentivo, manifestado desde o primeiro momento, ao Senhor Juiz Conselheiro, Alfredo Aníbal Bravo Coelho Madureira, assim como ao Senhor Juiz Conselheiro, Abel Ferreira Atanásio e ao Conselho Superior dos Tribunais Administrativos e Fiscais, na pessoa do Senhor Juiz Conselheiro Presidente, Lúcio Alberto de Assunção Barbosa.

Aos meus pais e ao Manuel tenho a agradecer tudo.

Sintra, Setembro de 2011

"Admito também que (...) possam sofrer de várias insuficiências de conhecimento, pensamento e julgamento. Os seus conhecimentos são necessariamente incompletos, as suas faculdades de raciocínio, memória e atenção são sempre limitadas e os seus julgamentos podem ser deformados pela ansiedade (...) Alguns destes erros decorrem de defeitos morais, do egoísmo e da negligência. Mas, em grande parte, são apenas parte da situação natural do homem."

JOHN RAWLS

Nota introdutória

Nas linhas que se seguem pretenderemos versar sobre o regime da responsabilidade civil por *erro judiciário*, previsto nos artigos 13º e 14º do Regime da Responsabilidade Civil Extracontratual do Estado e Demais Entidades Públicas (doravante apenas RRCEE)[1], incluído no âmbito da responsabilidade civil por danos decorrentes do exercício da função jurisdicional. Analisar-se-ão os principais aspectos do tema, abordando algumas das muitas questões para que nos remete, atenta a sua amplitude, visando compreender o *grau de efectividade* do regime legal traçado[2]. Não analisaremos o regime *geral* da responsabilidade civil por danos decorrentes do exercício da função jurisdicional, previsto no artigo 12º, referente à responsabilidade pelo deficiente funcionamento e má administração da justiça, designadamente, por violação do direito a uma decisão judicial em prazo razoável[3], por o mesmo, nos seus aspectos essen-

---

[1] Aprovado pela Lei nº 67/2007, de 31 de Dezembro, alterada pela Lei nº 31/2008, de 17 de Julho.

[2] É possível antever o tema sob múltiplas abordagens, numa perspectiva técnico-jurídica, sobre o regime substantivo e processual da responsabilidade civil extracontratual do Estado pelo exercício da função jurisdicional, relativa ao exercício e à natureza da função jurisdicional, analisando a opção político-legislativa do modelo de responsabilização judicial, ou numa perspectiva ético-filosófica, sobre a ontologia da Justiça e a ética judicial, de que depende a credibilidade do Poder Judicial e onde se poderia questionar a elaboração de um Código de Ética Judicial, existente noutros países.

[3] A situação cada vez mais frequente de condenação do Estado por violação do direito a uma decisão judicial em prazo razoável, nos tribunais nacionais e no Tribunal Europeu dos Direitos do Homem pode, em alguns casos, ser reconduzida a situação de *denegação de justiça*, por o Estado omitir o exercício de uma função que a si lhe cabe, impedindo a

ciais[4], seguir o regime da responsabilidade pelo exercício da função administrativa, nem constitui objecto do nosso estudo o regime *especial* da responsabilidade pelo exercício da função jurisdicional, decorrente das situações de privação injustificada da liberdade e de sentença penal condenatória injusta, ressalvado no artigo 13º, nº 1 do RRCEE e objecto de disciplina própria nos artigos 27º, nº 5 e 29º, nº 6, da Constituição. Se tais questões carecem do cunho de *novidade* introduzido pelo novo RRCEE, a última é objecto de estudo no âmbito de outra disciplina, fora do quadro das normas e dos tribunais administrativos, não assumindo relevância *autónoma* no âmbito da jurisdição administrativa[5], enquanto espaço privilegiado da nossa atenção. Do mesmo modo, não nos debruçaremos sobre o enquadramento dogmático dos pressupostos *gerais* da responsabilidade civil, por se tratarem de conceitos transversais a toda

---

realização do Direito e da Justiça. O nº 4 do artigo 1092º do CPC de 1876, definia *denegação de justiça* como a recusa do juiz em proferir despacho sobre qualquer objecto que lhe fosse requerido, dar sentença sobre questão pendente ou cumprir, nos termos da lei, as decisões dos tribunais superiores; o CPC de 1939, no nº 4 do seu artigo 1089º limitou-se a prever que "se a denegação de justiça constituir crime, observar-se-á o disposto no artigo 1099.", numa remissão para o Código de Processo Penal. Actualmente prevê o nº 1 do artigo 156º do CPC que "Os juízes têm o dever de administrar a justiça, proferindo despacho ou sentença sobre as matérias pendentes e cumprindo, nos termos da lei, as decisões dos tribunais superiores.", reconduzindo a denegação de justiça, à recusa expressa ou tácita, mas inequívoca, de proferir decisão ou de despachar normalmente o processo. O nº 4 do artigo 20º da Constituição adopta uma fórmula ampla de *denegação de justiça* prevendo, quer a violação do direito a uma decisão judicial em prazo razoável, quer a violação do direito a um processo equitativo. Sobre o tema, entre outros, cfr. RICARDO PEDRO, "*Contributo para o estudo da responsabilidade civil extracontratual do Estado por violação do direito a uma decisão em prazo razoável ou sem dilações indevidas*", AAFDL, 2010.

[4] Referimo-nos aos traços *essenciais*, porque não é de excluir a aplicação *adaptada* do regime de responsabilidade pelo exercício da função administrativa, atenta a especificidade do exercício da função jurisdicional.

[5] Seguindo ANDRÉ DE LAUBADÈRE, JEAN-CLAUDE VENEZIA, e YVES GAUDEMET, *in "Traité de Droit Administratif"*, Tome 1, L.G.D.J., 11ᵉ Édition, 1990, pág. 826, "Le problème de la responsabilité de l`État à l`occasion de l`exercice de la fonction juridicttionnelle est particulièrement complexe et difficile. Il est encore compliqué par l`existance de la dualité de juridictions. On a vu en effet que la juridiction administrative se déclare incompétente pour connaître du contentieux soulevé par le fonctionnement des tribunaux judiciaires; de ce fait coexistent deux jurisprudences différentes selon que la mise en jeu de la responsabilité de l`État est recherchée à l`occasion de dommages causés par l`action des juridictions administratives ou celle des juridictions judiciaires.".

a responsabilidade civil extracontratual do Estado e os mesmos não revestirem particularidades nesta sede. Por último, não analisaremos as demais modalidades possíveis de responsabilização pelo exercício da função jurisdicional, como procede MAURO CAPPELLETTI[6], que ao proceder a uma teoria global da responsabilidade dos magistrados, distingue entre a responsabilidade política, social e jurídica do Estado e a responsabilidade jurídica ou pessoal do juiz[7], antes a restringindo à responsabilidade *civil*. Do mesmo modo, não trataremos a responsabilidade civil por erro judiciário no direito comparado, embora pontualmente, ser dada nota nota dos aspectos mais relevantes[8].

O regime legal ora introduzido, embora acolha algumas das soluções defendidas pela doutrina e pela jurisprudência ao tempo da lei anterior, o Decreto-Lei nº 48.051, de 21 de Novembro de 1967, apresenta aspectos de verdadeira inovação, já que, pela primeira vez, é regulada em lei

---

[6] Cfr. "*Giudici Irresponsabili?*", Milão, 1988.

[7] Analisando a responsabilidade política dos juízes, PAULO CASTRO RANGEL, "*Repensar o Poder Judicial – Fundamentos e Fragmentos*", Publicações Universidade Católica, Porto, 2001, pág. 82 e segs..

[8] Atenta a sua acuidade, não deixamos de referir o Acórdão do Tribunal Supremo espanhol, da 2ª Secção, datado de 3 de Abril de 1990, *in* "*Responsabilidad del Estado y de las Administraciones Publicas*", La Ley, Monografias de Jurisprudência 2, 1992, pág. 277: "La reclamación de indemnización basada en error judicial y regulada en el art. 293 aps. a) a g) LOPJ requiere como presupuestos: *a)* el ejercicio de la acción dentro del plazo de caducidad de 3 meses contados desde que pudo ejercitarse la correspondiente acción judicial; *b)* el daño producido habrá de ser necesariamente efectivo, evaluable económicamente e individualizado con relación a una persona o grupo de personas; *c)* el error judicial no dimana de la simple resolución o anulación de las resoluciones (art. 292.3 LOPJ); *d)* el error supone el conocimiento equivocado de una cosa o un hecho basado sobre la ignorancia o incompleto conocimiento de esa cosa o hecho o de las reglas jurídicas que lo disciplinan o incurriendo en flagrante equivocación al aplicarlas o interpretarlas, según sea error fáctico o jurídico, en todo caso, el error ha de ser siempre indudable, patente, incontrovertible y objetivo, y no tan sólo según la interpretación de quienes fuesen parte o se sientan perjudicados; *e)* no procederá la declaración del error contra la resolución judicial a la que se imputa, mientras no se hubiesen agotado previamente los recursos previstos en el ordenamiento procesal – art. 292.1 b) LOPJ –; *f)* en ningún caso habrá lugar a indemnización cuando el error judicial tuviera por causa la conducta dolosa o culposa del perjudicado (art. 295 LOPJ), y *g)* el Estado responde e todo caso, pero si hubiese mediado dolo o culpa grave, podrá repetir contra los Jueces y Magistrados, sin que la indemnización por error judicial obste a la responsabilidad de dichos Jueces y Magistrados.".

formal a responsabilidade civil do Estado e dos magistrados por erro judiciário, pondo termo à situação de omissão legislativa até agora existente[9].

Atenta a amplitude do tema, optamos por o centrar na análise das questões que decorrem dos artigos 13º e 14º, isto é, a responsabilidade civil por erro judiciário *tout court*, seguindo a dicotomia de regimes, de responsabilidade do Estado e de responsabilidade dos magistrados, sem ignorar o papel do *legislador* e do *juiz* enquanto "administradores de uma material «justiça constitucional»"[10].

Na análise que nos propomos fazer, pretendemos dar aquela que é a *nossa* visão sobre o tema, assim como, nos pontos de maior *incerteza*, avançar com soluções interpretativas, de modo a, a final, concluir sobre o grau de efectividade do respectivo regime legal[11].

---

[9] O que justifica a inexistência de jurisprudência na matéria, salvo nas situações relativas ao regime *especial* da responsabilidade pelo exercício da função jurisdicional, decorrente das situações de privação injustificada da liberdade e de sentença penal condenatória injusta, previstas nos artigos 27º, nº 5 e 29º, nº 6, da Constituição, no âmbito dos tribunais comuns.

[10] MANUEL AFONSO VAZ, *"A Responsabilidade Civil do Estado – Considerações breves sobre o seu estatuto constitucional"*, Universidade Católica Portuguesa, Porto, 1995, pág. 4.

[11] Pode questionar-se se continua verdadeira a declaração feita por HAURIOU, há umas décadas atrás, de que «as duas principais teorias do Direito Administrativo são a do recurso contencioso contra as decisões executórias da Administração e a das responsabilidades pecuniárias em que incorra a Administração no exercício da sua actividade», aqui entendida a Administração em sentido amplo, erigindo-se o direito à indemnização como um instituto essencial garantidor do Estado de Direito – cfr. *"Précis élémentaire de Droit Administratif"*, 5ª ed., 1943, pág. 17. Analisando a modificação sofrida aos "institutos tradicionais de direito público" e questionando a existência de *"Um Novo Direito Administrativo?"*, *vide* SUZANA TAVARES DA SILVA, em obra com o mesmo título, Imprensa da Universidade de Coimbra, 2010.

1.
Da responsabilidade civil
pelo exercício da função jurisdicional

Em momento anterior ao RRCEE, não se encontrava prevista a responsabilidade civil pelo exercício da função jurisdicional, já que nenhum dos dez preceitos do Decreto-Lei nº 48051, de 21 de Novembro de 1967, disciplinava tal matéria. Este diploma só regulava a responsabilidade civil pelo exercício da função administrativa, excluída a responsabilidade do Estado por actuações ou omissões nas funções legislativa, político-governativa e judicial, embora pela interpretação maioritária do artigo 22º da Constituição, se incluísse a responsabilidade pelo exercício da função judicial no âmbito do regime da responsabilidade civil extracontratual do Estado, considerando-o nas vestes de "garante dos homens contra o infortúnio"[12].

Sob o enquadramento geral da temática, analisar-se-ão os principais aspectos do regime de responsabilidade civil por erro judiciário, fazendo-o remontar aos últimos anos volvidos, assim como compreender em que se traduz a função de julgar.

1.1. Dados históricos: da irresponsabilidade à responsabilidade civil

Efectuando um breve excurso histórico sobre a evolução do regime da responsabilidade civil pelo exercício da função jurisdicional, começou

---

[12] V. ROGÉRIO SOARES, *"Sentido e Limites..."*, *in "A Feitura as Leis"*, II, 1986, pág. 438, *apud*, MANUEL AFONSO VAZ, obra cit., pág. 3.

por vigorar o princípio da *irresponsabilidade* do Estado e dos respectivos funcionários e agentes, não existindo responsabilização pelos actos praticados no exercício das suas diversas funções públicas, por ao mesmo não se reconhecer a possibilidade de errar. Ficou célebre a formulação *"the King can do no wrong"*, que mais tarde deu origem ao princípio *"the King can't act alone"*, segundo o qual, perante a "impossibilidade de responsabilizar o rei, procurou transferir-se essa «responsabilidade» para um outro órgão"[13].

A primeira formulação vigorou em momento "em que a coisa pública pertencia a um só indivíduo ou a uma só classe, sendo até sacrilégio duvidar da impecabilidade das autoridades (...). Presumia-se, além disto, nos Estados antigos, que o Príncipe não autorizava o malefício; donde os abusos do funcionário e do próprio Príncipe ficavam pesando sobre a vítima, como um caso fortuito ou de força maior"[14]. Para tanto foi relevante a construção do conceito de Estado *soberano*, de JEAN BODIN, sendo a soberania entendida como poder máximo, que não se compagina com a responsabilização civil do Estado.

O princípio da *irresponsabilidade* vigorou até meados do século XIX, na monarquia britânica e no Estado de Direito liberal francês, afirmando-se, à data, que "A responsabilidade é nula quando a função do Estado confina com a soberania; (...) nem os actos legislativos, nem os actos de governo, nem os actos de guerra, podem dar origem a uma acção de responsabilidade contra o Estado, qualquer que seja a culpa imputada aos seus representantes. É ainda o caso dos erros judiciários, porque a administração da justiça é, ela também, uma manifestação da soberania."[15].

Em Portugal a realidade não divergiu, resultando o princípio da irresponsabilidade do Estado dos artigos 2399º e 2400º[16] do Código Civil de

---

[13] *Vide* MARIA GLÓRIA GARCIA, *in "A Responsabilidade Civil do Estado e Demais Pessoas Colectivas Públicas"*, Conselho Económico e Social, Série *"Estudos e Documentos"*, Lisboa, 1997, pág. 9.

[14] CUNHA GONÇALVES, *in "A Responsabilidade da Administração Pública pelos Actos dos seus Agentes"*, pág. 18, *apud* JOÃO AVEIRO PEREIRA, *in "A Responsabilidade Civil por Actos Jurisdicionais"*, Coimbra Editora, 2001, pág. 18.

[15] *"Traité de la jurisdiction administrative et des recours contentieux"*, Vol. II, reimpressão de 1989, pág. 174, *apud* MARIA GLÓRIA GARCIA, obra cit., pág. 10.

[16] "Artigo 2399º – Os empregados públicos, de qualquer ordem ou graduação que sejam, não são responsáveis pelas perdas e danos, que causem no desempenho das obrigações que lhe são impostas pela lei, excepto se excederem ou não cumprirem, de algum modo, as disposições da mesma lei.

Seabra, de 1867, ao consagrar-se a responsabilidade pessoal dos empregados públicos. A doutrina e a jurisprudência de então interpretavam tais disposições como valendo apenas para a actuação do Estado regida no quadro de poderes de autoridade, pois quando actuava no âmbito do quadro de gestão privada, tinha aplicação o regime comum de responsabilidade civil aplicável a qualquer particular.

A evolução do conceito de Estado e da própria sociedade, traduzidos na passagem do Estado liberal para o Estado social de Direito, levaram, progressivamente, a abertura de brechas na teoria da irresponsabilidade do Estado, de que a jurisprudência do Tribunal de Conflitos francês deu efectiva concretização. Com o acórdão *Blanco*", datado de 1 de Fevereiro de 1873, assim como outros que se lhe seguiram, admitiu-se, fora dos actos de gestão privada e de lei especial, a responsabilidade civil do Estado e do poder público por actos de gestão pública, pois "se a actividade administrativa se desenvolve no interesse de todos, para satisfação de necessidades colectivas, não há fundamento para que algum ou alguns sofram um sacrifício – que seria sempre discriminatório – equivalente a danos não ressarcidos decorrentes daquela actividade", elevando-se o princípio da responsabilidade como garantidor da "igualdade dos cidadãos perante os encargos públicos"[17].

Simultaneamente ao alargamento das áreas de intervenção da Administração Pública, foram criados mecanismos de protecção dos direitos dos cidadãos face ao Estado, passando a defender-se a sua responsabilidade, inclusivamente pelos actos jurisdicionais, ainda que praticados ao abrigo de sentença transitada em julgado, por se entender que os magistrados também praticavam actos de "gestão pública".

Entre nós, a realidade não divergiu, resultando dos artigos 2399º e 2400º do Código Civil de Seabra, de 1867, o princípio da *irresponsabilidade* do Estado e dos empregados públicos, no quadro do exercício dos poderes de autoridade, excluída a actuação sob gestão privada.

CUNHA GONÇALVES, em 1905, defendia que os actos judiciais, transitados em julgado, podiam dar origem a responsabilidade civil do Estado, nos termos em que respondiam os comitentes por actos dos seus comis-

---

Artigo 2400º – Se os ditos empregados, excedendo as suas atribuições legais, praticarem actos, de que resultem para outrem perdas e danos, serão responsáveis do mesmo modo que os simples cidadãos.".

[17] MARIA GLÓRIA GARCIA, *idem*, pág. 13-14.

sários, segundo o disposto nos artigos 2361º e 2380º do Código Civil de 1867, considerando os juízes e magistrados como funcionários.

Com a reforma do Código Civil de Seabra, em 1930, operada pelo Decreto nº 19.126, de 16 de Dezembro, os artigos 2361º, 2380º, 2401º e 2402º[18] previram o princípio da *irresponsabilidade* do juiz, com as excepções previstas para o cometimento de "crimes, abusos e erros de ofício", no exercício da função jurisdicional, dos quais resultassem danos, fundando as acções de responsabilidade por perdas e danos contra os magistrados, assim como a condenação em multa ou em custas, em consequência da anulação ou reforma da sentença por ilegalidade e no artigo 2403º do citado Código previu-se o princípio da *responsabilidade* do Estado pelos danos causados em virtude de condenação penal injusta, apurada em processo de revisão de sentença penal executada.

Consagrou-se ainda, por via da alteração da redacção do artigo 2399º[19], a responsabilidade *solidária* do Estado e das autarquias com os seus empregados públicos, pelos danos causados por actos ilegais, no exercício das suas funções, o que foi depois traduzido nos artigos 366º e 367º[20] do Código Administrativo de 1936-1940.

---

[18] "Artigo 2401º – Os juízes serão irresponsáveis nos seus julgamentos, excepto nos casos, em que, por via de recursos competentes as suas sentenças forem anuladas ou reformadas por sua ilegalidade, e se deixar expressamente aos lesados direito salvo para haverem perdas e danos, ou se os mesmos juízes forem multados ou condenados nas custas, em conformidade do código de processo.
Artigo 2402º – O que fica disposto no artigo precedente não obsta às acções, que podem ser intentadas contra os juízes, pelos crimes, abusos ou erros de ofício, que cometam no exercício das suas funções.
Artigo 2403º – Mas, se alguma sentença criminal for executada, e vier a provar-se depois, pelos meios legais competentes, que fora injusta a condenação, terá o condenado, ou os seus herdeiros, o direito de haver reparação de perdas e danos, que será feita pela fazenda nacional, precedendo sentença controvertida com o ministério público em processo ordinário.".
[19] A nova redacção do artigo 2399º do Código Civil previa: "Os empregados públicos, de qualquer ordem ou graduação que sejam, não são responsáveis pelas perdas e danos que causem no desempenho das obrigações que lhes são impostas por lei, excepto se excederem ou não cumprirem dalgum modo, as disposições da mesma lei, sendo neste caso solidariamente com eles responsáveis as entidades de que foram serventuários.".
[20] "Artigo 366º – O concelho, freguesia e a província respondem civilmente pelas perdas e danos resultantes das deliberações dos respectivos corpos administrativos ou dos actos que os seus órgãos executivos, funcionários, assalariados ou representantes praticarem

DA RESPONSABILIDADE CIVIL PELO EXERCÍCIO DA FUNÇÃO JURISDICIONAL

Contudo, mesmo quando no final do século XIX e entre nós, na primeira metade do século XX, se passou para o princípio da responsabilização do Estado, houve quem restringisse tal princípio ao exercício da função administrativa e, dentro desta, exclusivamente por actos ilícitos, excluídas as funções legislativa e judicial, o que tinha por base a teoria da separação de poderes e a soberania do Estado.

No caso da função jurisdicional, desde cedo, se distinguiu entre o dano imputável aos serviços jurisdicionais, decorrente da sua organização e modo de funcionamento, relativo ao exercício do serviço público de justiça e decorrente de uma actuação administrativa, o qual seguia o regime da responsabilidade civil extracontratual do Estado pelo exercício da função administrativa, e o dano imputável ao exercício da função jurisdicional por erro judiciário, mantido sob a égide do princípio da irresponsabilidade. Esta diferenciação assentou, essencialmente, nos princípios da independência e da imparcialidade do juiz, no instituto do caso julgado, na natureza e no conteúdo da função de julgar e na força vinculativa de que é dotada a sentença transitada em julgado, que se impõe perante qualquer autoridade.

As primeiras brechas no regime da irresponsabilidade pelos danos causados no exercício da função jurisdicional vieram a ocorrer no *erro judiciário* cometido em decisão penal, ao reconhecer-se aos condenados que em recurso de revisão[21] viram reconhecida a sua inocência, à luz do

---

com ofensa da lei, mas dentro das respectivas atribuições e competências, com observância das formalidades essenciais e para a realização dos fins legais.

§ Único – Os concelhos respondem ainda, nos termos estabelecidos neste artigo, pelos actos dos administradores e gerentes dos serviços municipalizados e das juntas de turismo, e os concelhos e as freguesias pelos actos dos órgãos das federações de municípios e das uniões de freguesias, respectivamente.

Artigo 367º – Os presidentes, vogais, funcionários, assalariados ou representantes dos corpos administrativos, e bem assim os administradores e gerentes dos serviços municipalizados, federações de municípios e uniões de freguesias, são pessoalmente responsáveis pelos actos em que intervenham e de que resultem para outrem perdas e danos, sempre que aqueles não tenham sido praticados dentro das suas atribuições e competência, com observância das formalidades essenciais e para a realização dos fins legais.".

[21] O processo de revisão de sentença foi consagrado em Portugal com a reforma judiciária de 1837, mantido no Código de Seabra de 1867, embora já antes e desde o reinado de Afonso II existisse a *graça* dada pelo monarca ao inocente condenado. Actualmente, o artigo 771º do CPC estabelece os fundamentos do recurso de revisão.

artigo 2403º do Código Civil de Seabra e do artigo 126º, § 5º, 6º e 7º, do Código Penal de 1886, o direito a serem indemnizados pelo Estado.

Donde, com MARIA DA GLÓRIA GARCIA[22], a responsabilidade estadual por erro judiciário apresenta-se como a primeira modalidade de responsabilidade do Estado por actos danosos.

A Constituição de 1933 previu no seu artigo 8º, o "direito de reparação de toda a lesão efectiva", mas porque remeteu a concretização e o accionamento desse direito para a lei ordinária e nos termos em que dispuser essa lei, sem lei prévia concretizadora, foi vedada a possibilidade de invocação desse direito pelo particular, além de que esse preceito foi interpretado como dirigindo-se não contra o Estado, mas contra os particulares.

Por outro lado, passou a admitir-se que a responsabilidade do Estado pudesse existir sem culpa, baseada no risco ou no princípio da igual repartição dos encargos públicos, o mesmo respondendo sempre que no exercício de um poder legal impõe a outrem, a favor do interesse geral, um encargo geral e especial.

Com a publicação do Código Civil de 1966, o artigo 501º acabou por apenas regular a responsabilidade por danos causados no exercício da actividade de gestão privada, submetendo-se os actos praticados pelos titulares dos órgãos e agentes do Estado às mesmas regras que os actos praticados por qualquer particular.

Só com o Decreto-Lei nº 48051, de 21 de Novembro de 1967, foi aprovado, pela primeira vez, o regime de responsabilidade civil extracontratual do Estado e demais pessoas colectivas públicas, no domínio dos actos de gestão pública, em tudo quanto não se encontrasse regulado em lei especial.

Por essa via, assumiu-se, definitivamente, a obrigação geral a cargo do Estado de indemnizar os particulares pelos danos provocados por actos ilícitos, praticados pelos seus funcionários e agentes, no exercício da função administrativa, assim como a responsabilidade pelo risco e por facto lícito.

Para a construção do regime da responsabilidade do Estado não foi irrelevante a Constituição, já que foi através do seu artigo 22º que o Estado se sujeitou, em matéria de responsabilidade, ao princípio da

---

[22] Obra cit., pág. 24.

constitucionalidade, ao consagrar-se o princípio geral da responsabilidade *directa* dos poderes públicos, pelos danos causados por acções e omissões dos titulares dos seus órgãos e agentes, lesivos de direitos e interesses dos particulares.

Do ponto de vista jurídico-constitucional, não existe fundamento para não aplicar o princípio geral de responsabilidade do Estado ao exercício das suas diversas funções, incluindo a função jurisdicional, seja pela actuação dos juízes, seja pelo funcionamento e administração da justiça, desde que verificados os demais pressupostos da responsabilidade civil, pelo que, conferiu-se "dignidade constitucional a um princípio concretizador do Estado de direito", superando, por uma vez, os princípios da irresponsabilidade do Estado e da sua responsabilidade indirecta ou subsidiária[23], num claro salto qualitativo.

Mostrou-se essencial à compreensão e desenvolvimento do *desenho* do regime da responsabilidade civil extracontratual do Estado e das demais entidades públicas, a interpretação feita ao artigo 22º da Constituição, o qual, perante o quadro constitucional e legal vigente, permitiu a assumpção do princípio da responsabilidade civil *directa* do Estado, sempre que da actuação dos seus órgãos ou agentes resulte a violação de direitos, liberdades e garantias ou a lesão de posições jurídico-subjectivas, independentemente da natureza da função exercida, assumindo-se como o primeiro garante do direito à reparação.

Especificamente em relação à função jurisdicional, sendo a justiça uma actividade exercida em nome do povo, fortemente interventiva nos direitos e interesses legalmente protegidos dos cidadãos, regida por normas de ordem pública, por profissionais que sendo objecto de recrutamento[24], obtiveram formação específica, não obstante o princípio da irresponsabilidade do juiz pelas decisões que profere, com as excepções consignadas na lei, não é de denegar o reconhecimento da responsabili-

---

[23] G. CANOTILHO E V. MOREIRA, "*Constituição da República Portuguesa Anotada*", Coimbra Editora, 1978, pág. 87 e *idem*, 2007, pág. 426.

[24] Nos termos do nº 2 do artigo 215º da Constituição, "A lei determina os requisitos e regras de recrutamento dos juízes dos tribunais judiciais de primeira instância.", actualmente objecto da Lei nº 2/2008, de 14 de Janeiro, que regula o ingresso nas magistraturas, a formação de magistrados e a natureza, estrutura e funcionamento do Centro de Estudos Judiciários.

dade civil do Estado e dos magistrados[25] pelos danos causados. De resto, já afirmava ALBERTO DOS REIS que "o poder de que os juízes estão investidos os obriga a conformarem-se com a lei – é um poder/dever – a fim de atingirem a justiça. Se, afastando-se da lei e do fim da justiça, o juiz provoca danos no exercício das suas funções, ele pratica um acto ilícito, por incumprimento da obrigação judiciária, ficando sujeito à respectiva indemnização por perdas e danos."[26].

O artigo 1083º do CPC, na sua redacção anterior à Lei nº 13/2002, de 19 de Fevereiro, que aprovou o novo Estatuto dos Tribunais Administrativos e Fiscais, ao definir as situações em que os magistrados respondiam por danos causados no exercício das suas funções, prevendo a responsabilidade civil dos juízes, é o antecedente directo do actual RRCEE[27].

1.2. A função de julgar – binómio independência/responsabilidade

O poder jurisdicional, como função do Estado e que a si lhe cabe assegurar, exige a criação de um sistema de justiça que *prima facie* satisfaça as necessidades dos cidadãos, sendo a *qualidade* da justiça um elemento essencial da qualidade da democracia e da realização do Estado de Direito[28].

A função de julgar pode definir-se como aquela que se materializa na aplicação do Direito a uma situação concreta da vida, declarando e

---

[25] Cfr. artigos 202, nº 1 e 2, 215º nº 2 e 216º nº 2, da Constituição.

[26] V. *"Processos especiais"*, vol. II, pág. 125-127, *apud* MARIA GLÓRIA GARCIA, obra cit., pág. 23.

[27] Deve hoje tal preceito ser lido, ao contrário do passado, como uma norma de conteúdo meramente *processual*, em face do regime *substantivo* de responsabilidade civil dos magistrados agora previsto no RRCEE, regulando-se nos artigos 1084º a 1093º do CPC a tramitação da acção de indemnização, enquanto acção de regresso, contra os magistrados que integrem quer a jurisdição comum, quer a jurisdição administrativa e fiscal.

[28] Apesar do *interesse* que as questões da justiça têm suscitado na sociedade em geral, captando os tribunais, como nunca no passado, os holofotes do imediatismo, as atenções da sociedade e dos outros poderes do Estado, atenta a relevância mediática de alguns processos, a repercussão da actividade jurisdicional nos direitos dos cidadãos, a sua capacidade de influenciar a economia e a cultura de *abundância* ou de *luxo* de direitos (na expressão usada por MESSIAS BENTO, *"Reflectindo sobre o poder dos juízes"*, *in* "Estudos em Homenagem ao Conselheiro José Manuel Cardoso da Costa", Coimbra Editora, 2003, pág. 276), é de associar um *desconhecimento* sobre o sistema de Justiça e sobre o *modus operandi* dos agentes da justiça, designadamente, sobre o modo de firmar a convicção do julgador e as regras de prova sobre os factos.

fazendo o Direito, coercivamente se para tanto necessário, numa base de igualdade de todos os cidadãos perante a lei e o Direito, estando intimamente ligada ao direito à tutela jurisdicional efectiva[29].

A função jurisdicional de julgar e de fazer executar o julgado reside constitucionalmente no poder judicial, como se encontra previsto no artigo 202º e 205º da Constituição, o qual constitui um dos pilares que constitui o Estado de Direito.

Inerente ao funcionamento dos tribunais, está o modo como os juízes exercem a função de julgar, isto é, os poderes e prerrogativas inerentes ao exercício da função, na satisfação do serviço público essencial da administração da justiça.

Definindo as relações jurídicas e reintegrando os direitos violados, a actividade dos tribunais constitui um serviço público que o Estado presta à sociedade, o qual encerra o exercício de soberania (de *puisance publique*), visando não apenas a realização dos interesses das partes, mas também a prossecução de interesses da comunidade em geral, ao garantir a segurança, a paz social e a justiça. Assim, o poder judicial além da *jurisdictio*, a função de decidir ou de dizer o direito, também comporta o *imperium*, a função de fazer respeitar a decisão, impondo-a se para tanto necessário, perante qualquer entidade.

Sendo exigível aos magistrados elevada preparação técnico-jurídica e idoneidade, simultaneamente, há a salientar a necessidade da preservação de condições que permitam o exercício ponderado e independente da função, que assegurem o princípio basilar da independência decisó-

---

[29] Estatui o artigo 20º, nº 1 da Constituição: "A todos é assegurado o acesso ao direito e aos tribunais para defesa dos seus direitos e interesses legalmente protegidos, não podendo a justiça ser denegada por insuficiência de meios económicos.". Escreveu-se no Ac. do Tribunal Constitucional nº 408/2010 (disponível em www.tribunalconstitucional.pt), por remissão para o Ac. nº 530/08, o seguinte: "Conforme tem sido afirmado em diversas ocasiões pelo Tribunal Constitucional, o direito à tutela jurisdicional efectiva para defesa dos direitos e interesses legalmente protegidos dos cidadãos, genericamente proclamado no artigo 20º, nº 1 da Constituição da República Portuguesa (CRP), implica "um direito a uma solução jurídica dos conflitos, a que se deve chegar em prazo razoável e com observância de garantias de imparcialidade e independência, possibilitando-se, designadamente, um correcto funcionamento das regras do contraditório, em termos de cada uma das partes poder "deduzir as suas razões (de facto e de direito), oferecer as suas provas, controlar as provas do adversário e discretear sobre o valor e resultados de umas e outras" (acórdão nº 86/1988, reiterado em jurisprudência posterior e, por último, no acórdão nº 157/2008).".

ria, com a racionalização do número de processos a cargo de cada magistrado[30], que assegurem a *qualidade* da decisão jurisdicional[31].

O princípio constitucional da irresponsabilidade dos juízes pelo conteúdo ou sentido jurídico das decisões que proferem, constitui um imperativo constitucional de uma justiça imparcial e independente, representando um correlativo da independência na função de julgar, em conformidade com o Direito e uma garantia indispensável de justiça e de equidade nas decisões judiciais.

Associada à evolução da sociedade e à complexidade das relações jurídicas, alterou-se o modo do exercício da função jurisdicional, isto é, de interpretação e de aplicação da norma jurídica e do Direito e, consequentemente, o papel do juiz, o qual deixa de ser apenas a boca que pronuncia as palavras da lei, a que se refere MOSTESQUIEU, ao enfatizar o elemento literal de interpretação da norma jurídica sobre o espírito da lei. Para tanto, contribui a proliferação da actividade legislativa, a tendente falta de simplificação e de clareza das leis e a tendência crescente do legislador para não esgotar a definição dos conceitos, ao emanar normas de conteúdo muito geral ou meramente programático, apelando ao seu preenchimento judiciário, o que, sendo uma forma de a lei não se tornar estática e de acompanhar o evoluir da sociedade, adaptando-se à realidade de cada momento, determina uma alteração do papel do juiz no exercício da actividade de julgar[32].

Releva cada vez mais a tarefa interpretativa a empreender pelo juiz, o qual apelando a todos os elementos de interpretação da norma jurídica,

---

[30] Conforme salienta MÁRIO RAPOSO, *"A Revisão Constitucional e a Independência dos Juízes"*, *in* Revista da Ordem dos Advogados, Ano 42, Lisboa, Maio-Agosto de 1992, pág. 321-358 (pág. 338), «"a sobrecarga de trabalho e a pressa" inquinam a disponibilidade de espírito dos juízes e, portanto, a sua independência».

[31] Aqui realçando as vertentes do *tempo* e da *utilidade* da decisão, *dizendo* o direito perante as exigências e as circunstâncias do caso ou, sob outro prisma, de qualidade *processual* (processo equitativo) e de qualidade *substancial*, relativa ao nível discursivo, à qualidade jurídica da decisão e ao grau de concretização dos direitos fundamentais, a que não é indiferente a *qualidade* da lei.

[32] Para CRISTINA QUEIRÓZ, *in "Interpretação Constitucional e Poder Judicial – Sobre a Epistemologia da Construção Constitucional"*, Coimbra Editora, 2000 pág. 329, "Existe uma relação *inversamente proporcional* entre a clareza do texto da norma e o poder de interpretação conferido ao operador jurídico", sendo "essa precisão ou vaguidade dos textos jurídicos que distribui de forma variável os poderes do *legislador* e do *juiz*".

extrai do texto normativo a solução jurídica do caso concreto, em busca da *justiça material*, que surge como resposta a um dado problema da vida. Reclamam-se soluções concretas, não meramente mecânicas ou automáticas de aplicação da literalidade, geral e abstracta da lei e, como consequência, de modo a alcançar o desiderato da justiça material, alarga-se o âmbito de intervenção pessoal ou individualizado da actividade jurisdicional, abandonando-se a ideia de juiz passivo, de mero aplicador da letra da lei. Neste quadro, também não é irrelevante o papel consagrado aos *princípios gerais*, que concedem maior margem de liberdade de busca de solução para o caso concreto, maior âmbito de *discricionariedade* ao juiz, destinando-lhe um papel criador na determinação do Direito[33].

Deste modo, além da superprodução legislativa, também a falta de simplificação das leis e a sua falta de clareza, dificultam a tarefa do intérprete e aplicador na indagação do *mens leges*.

Segundo M. LUCIANI, a responsabilidade do juiz transforma-se, cada vez mais, numa responsabilidade pela *fundamentação* das suas decisões, dependendo a decisão judicial não tanto da linguagem empregue, nem da virtude do juiz, mas dos limites do *raciocínio judicial*[34].

Se na actualidade se aceita pacificamente, em relação às diversas funções do Estado, que podem ser violados os direitos dos cidadãos ou que, ainda que não seja cometido qualquer ilícito, podem ser causados danos, o mesmo se aplica à função jurisdicional, por também aqui poderem ser cometidos erros ou injustiças, imputáveis ao exercício da função jurisdicional.

Ao convocar-se os princípios da *independência* e da *responsabilidade* judiciárias, denota-se facilmente a falta de linearidade do tema da responsabilidade dos juízes.

---

[33] KARL LARENZ, in *"Metodologia da Ciência do Direito"*, Fundação Calouste Gulbenkian, 4ª edição, 2005, pág. 520, refere-se à "interpretação modificada pela jurisprudência dos tribunais", considerando que a interpretação da lei pelos tribunais, a concretização dum critério indeterminado e o preenchimento de lacunas, constituem "um desenvolvimento do Direito".

[34] Para este autor, "as decisões que criam maior escândalo não são tanto as que parecem erradas, mas as que, qualquer que seja o seu conteúdo, não se apresentam fundamentadas.", *apud* MESSIAS BENTO, obra cit., pág. 291; no mesmo sentido, CRISTINA QUEIRÓZ, obra cit., pág. 343.

Embora se entenda que "nenhuma instituição pode funcionar sem ser responsável perante a sociedade" e que "a independência judiciária não pode ser conservada sem responsabilidade judiciária para a hipótese de insucessos, de erros ou de má conduta."[35], isto é, que não existe independência sem responsabilidade, importa ter presente que é aceite, em geral, mesmo para os que entendem que uma maior independência reclama uma mais extensa responsabilização, que a consagração de um regime de responsabilidade do juiz "é necessariamente limitativa ou redutora da independência dos Tribunais"[36] e que a independência não deve ser meramente formal. Não basta que se declare a independência judicial, devendo a mesma ser material e efectiva, o que depende do estabelecimento equilibrado do regime legal estatutário dos juízes, encarando o binómio independência-responsabilidade como duas caras da mesma moeda.

A independência, enquanto conceito jurídico, assenta na ausência de toda e qualquer subordinação jurídica do juiz perante algo ou alguém e a sua submissão ao império da lei, encontrando-se submetido a esta e só a esta, no exercício das suas funções. Constitui uma garantia dos cidadãos cujos direitos e liberdades devem ser tutelados mediante aplicação da lei, pelo que, possui um carácter instrumental da imparcialidade judiciária.

O juiz é independente mas isso não significa a ausência de controlo, pelo que, também é responsável e, por isso, deve explicar as suas actuações e responder por elas. Daí igualmente depende, em certa medida, a legitimação do poder judicial e a confiança dos cidadãos numa Justiça imparcial, independente e competente, razão pela qual a responsabilidade judicial se apresenta também como garante dos direitos e liberdades dos cidadãos.

A responsabilidade, genericamente considerada, consiste na indeclinável capacidade das pessoas para conhecer e aceitar as consequências dos seus actos e das suas omissões, conquanto possam causar danos ou prejudicar os direitos ou interesses de terceiros afectados com a sua conduta[37], a qual, quando respeitante ao poder judicial traduz a con-

---

[35] SHIMON SHETREET, *apud*, J. AVEIRO PEREIRA, obra cit., pág. 56.

[36] Cfr. PAULO CASTRO RANGEL, obra cit., pág. 75.

[37] *Vide* RIANSERES LÓPEZ MUÑOZ, *"Independencia y responsabilidad del juez"*, Revista General del Derecho, nº 636, Setembro 1997, pág. 10416, *apud* JUAN PEDRO QUINTANA CARRETERO,

sequência desfavorável que recai sobre os magistrados, pelas suas condutas contrárias ao ordenamento jurídico, praticadas no exercício das funções e por causa do seu exercício.

A responsabilidade judicial surge como contrapartida da independência judicial e como garantia do cumprimento pelos juízes da função jurisdicional e das que se lhe encontrem atribuídas por lei, ocorrendo a responsabilização pelos danos causados por actos ou omissões imputáveis ao exercício da função jurisdicional.

Assim, em paralelo ao regime estatutário dos juízes, de independência e de irresponsabilidade pelas decisões judiciais, são criadas formas de tutela ressarcitória dos cidadãos, mediante certos controlos do poder judicial, por responsabilização pelos prejuízos causados por actos ou omissões imputáveis à função jurisdicional.

Por outro lado, não é de olvidar que a responsabilidade judiciária *lato sensu* tem implicações sobre diversos aspectos da organização jurídica do Estado e pode importar a actuação dos mais diferentes tipos de *controlos* sobre a actuação dos magistrados, com repercussões muito para além da sua mera responsabilidade civil. O actual estado de desenvolvimento da sociedade, inclusivamente em momento anterior ao RRCEE, tem ditado esse modelo de responsabilidade pública *difusa*, pois para além da responsabilidade civil, releva cada mais a responsabilidade de natureza social ou de base informal, associada à publicidade das decisões judiciais e da sua concreta fundamentação, veiculada pela opinião pública e pelos meios de comunicação social, baseada no questionamento ou na emissão de juízos críticos da decisão judicial tomada. Neste tipo de controlo está também em causa uma forma de realização do Estado de Direito democrático, de que o princípio da liberdade de informação é sua concretização, com reflexos ao nível da posição e do prestígio institucional e profissional de uma das funções soberanas do Estado, e do juiz. Não obstante, é de recusar em Portugal uma responsabilidade política judicial, por no ordenamento jurídico nacional, seguindo o modelo continental europeu, os juízes apenas se submeterem a um sistema de responsabilidade civil, penal e disciplinar, perante os Tribunais e cada um dos Conselhos Superiores respectivos (CSM, CSTAF e CSMP), não

---

"Poder judicial y responsabilidad: la responsabilidad judicial", *in* "La responsabilidad personal del Juez", AJFV, Thomson Civitas, 2008, pág. 23-24.

se encontrando submetidos à actuação dos outros poderes do Estado, não respondendo politicamente no exercício das suas funções. Entre nós, seria inconstitucional a implantação de um tal sistema de responsabilidade judicial, por violação do princípio da independência judicial e da separação de poderes, por se encontrar excluído o controlo de qualquer outro poder do Estado, no modo como o juiz exerce a sua função.

Torna-se cada vez mais real que a solução ditada para o caso concreto, em busca incessante da Justiça, não é mais do que fruto da acção humana, por isso, naturalmente imperfeita, atentas as limitações do homem-juiz, pelo que, também, uma justiça *relativa*, que justifica a expressão latina, *errare humanum est*.

O sistema jurídico que pôs nas mãos dos juízes a tarefa de administrar a justiça, consciente de que os magistrados são susceptíveis de cometer erros, tanto pela sua condição humana, como pela inexactidão da sua ferramenta de trabalho, o Direito, criou igualmente o remédio para tais erros[38].

---

[38] Cfr. MIGUEL ÁNGEL ENCINAR DEL POZO, "*La responsabilidad penal de los jueces y magistrados*", *in "La responsabilidad personal del juez"*, AJMV, Thomson, 2008.

2.
Da responsabilidade civil por erro judiciário

A responsabilidade civil por erro judiciário consiste numa das novidades introduzidas pelo RRCEE.

Referindo-se o artigo 13º à responsabilidade civil do Estado e o artigo 14º à responsabilidade civil dos magistrados, é de questionar qual o exacto âmbito *subjectivo* dos responsáveis da obrigação de indemnizar (o *quem*), assim como a respectiva delimitação *objectiva*, apurando que decisões jurisdicionais se encontram cobertas (o *quê*) e sob que pressupostos.

Depois de nos países da Europa continental se assumir a responsabilização judicial, a discussão passou a centrar-se na configuração, extensão e limites dessa mesma responsabilidade, no sentido de saber se se deve optar por um sistema geral de responsabilidade civil extracontratual ou, pelo contrário, se deve limitar-se, de algum modo, a responsabilidade civil pelo exercício do poder judicial, tanto do ponto de vista substantivo, como do ponto de vista processual.

Os partidários da primeira posição, põem o acento tónico na necessidade de acabar com os privilégios e a imunidade do poder judicial, ressaltando o princípio da igualdade, que acarreta que os juízes respondam civilmente na mesma forma e extensão que o resto dos cidadãos; os partidários de limitar a responsabilidade, apontam a necessidade de estabelecer limites substantivos, que circunscrevam a responsabilidade civil aos pressupostos de dolo ou culpa grave, com limites processuais, que podem ser muito variados, como os referentes à competência do Tribunal, à legitimidade activa ou à existência de requisitos processuais que limitem a instauração da acção[39].

Os principais argumentos desta última corrente assentam: *i)* na necessidade de defender a independência do poder judicial, constituindo o regime ilimitado de responsabilidade um instrumento de pressão e coacção da liberdade de decisão do juiz, incompatível com a sua independência. Na expressão de TROCKER[40], estender a responsabilidade civil a qualquer tipo de culpa provocaria a perda da chamada "serenitá di giudizio"; *ii)* no singular estatuto do juiz, que não permite considerá-lo como um cidadão, nem sequer como um funcionário público, igual aos demais; *iii)* a necessidade de proteger o juiz das acções que podem provir do litigante ressentido com alguma decisão judicial e *iv)* a influência que um regime de responsabilidade ilimitada pode ter nos juízes que pretendam adoptar decisões inovadoras e que se afastem da jurisprudência dos Tribunais[41].

Nos países da Europa continental, as legislações estabeleceram, em maior ou menor medida, uma séria de especialidades do regime de responsabilidade civil, em relação ao regime geral da responsabilidade extracontratual do Estado, o que igualmente foi seguido pelo legislador nacional no RRCEE, nos termos em que *infra* se desenvolverá.

2.1. Delimitação *subjectiva*: os responsáveis da obrigação de indemnizar

Para efeitos de aplicação do regime de responsabilidade civil por erro judiciário, importa delimitar o âmbito *subjectivo* dos responsáveis à obrigação de indemnizar, apurar quem exerce o poder judicial e, consequentemente, tomando decisões jurisdicionais erróneas, pode ser sujeito passivo de responsabilidade civil extracontratual.

---

[39] Cfr. DÍEZ-PICAZO GIMÉNES, *"Poder Judicial y Responsabilidad"*, La Ley, Madrid, 1990, pág. 40 e segs., *apud* LUIS SANZ ACOSTA, *"Responsabilidad civil judicial"*, in *"La responsabilidad personal del juez"*, AJFV, Thomson Civitas, 2008, pág. 106.

[40] *"La responsabilidad del giudice"*, in *"Revista trimestrale di diritto e procedura civile"*, 1982, pág. 1318, *apud* LUIS SANZ ACOSTA, obra citada, pág. 106-107.

[41] *Vide* ATIENZA NAVARRO, *"La responsabilidad civil del Juez"*, Tirant lo Blanch, Valência, 1997, pág. 17, *apud* LUIS SANZ ACOSTA, obra citada, pág. 106-107.

Por o conceito jurídico-funcional ou jurídico-estatutário de funcionário[42] ser demasiado restritivo, não se adequando ao âmbito do artigo 22º da Constituição, foi adoptado um conceito amplo de agente do Estado, que atenda ao exercício de funções ou actividades jurídico--públicas, por ser o "constitucionalmente adequado ao instituto da responsabilidade"[43], permitindo nele incluir os trabalhadores da Administração Pública, os juízes e magistrados, os deputados e os demais titulares de cargos políticos[44].

Aspecto essencial é que se verifique o exercício de funções jurídico--públicas pelo respectivo titular do órgão ou agente ou o desempenho de uma actividade jurídico-pública, pelo que, por terem estabelecido uma relação funcional de natureza pública, baseada num acto de nomeação, os juízes e magistrados integram o conceito de agente do Estado[45].

---

[42] Com a Lei nº 12-A/2008, de 27 de Fevereiro foi abolido o conceito de funcionário público, passando os servidores do Estado a designar-se por *trabalhadores que exercem funções públicas*.

[43] GOMES CANOTILHO e VITAL MOREIRA, "*Constituição da República Portuguesa Anotada*", 2007, pág. 432.

[44] Como realça RUI MEDEIROS, "*Constituição da República Portuguesa Anotada*", Tomo I, 2010, págs. 472 e 482, o artigo 22º da Constituição "não tem em vista primacialmente a responsabilidade dos titulares dos órgãos, funcionários e agentes.", antes ocupa-se "fundamentalmente da responsabilidade do Estado e demais entidades públicas, não curando – ao contrário do que sucede, designadamente, no artigo 271º – dos pressupostos da responsabilidade dos titulares dos órgãos, funcionários ou agentes (Ac. nº 236/04).".

[45] A jurisprudência do STA já considerou o exercício da função jurisdicional como integrante da actividade de gestão pública (*vide* Acórdãos datados de 10 de Dezembro de 1985, processo nº 16752 e de 12 de Janeiro de 1988, processo nº 25101), mas também, em sentido divergente, como integrando a soberania do Estado, fora do quadro dos actos de gestão pública (Acórdão datado de 09 de Outubro de 1990, processo nº 25101). Nos termos dos dois primeiros arestos: "São actos de gestão pública os actos praticados pelos órgãos ou agentes da Administração no exercício de um poder público, ou seja, no exercício de uma função de direito, sob o domínio de normas de direito público, ainda que não envolvam ou representem o exercício de meios de coerção. Neste conceito se integram quer os actos praticados no exercício da actividade administrativa, quer os decorrentes do exercício de função judicial, cujo objectivo e a satisfação da necessidade colectiva de realização da justiça, mediante a aplicação da lei aos casos concretos, por sentença com força de caso julgado, proferidos por órgãos independentes e imparciais." e "À face do Decreto-Lei nº 48051, de 21 de Novembro de 1967, uma actuação de cariz jurisdicional tem de qualificar-se como de gestão pública.". Segundo o último aresto: "O artigo 22º da Constituição não abrange a responsabilidade decorrente da função jurisdicional, nomeadamente das funções judiciais de

Porém, importa ter presente que os juízes não exercem isoladamente a função judicial, antes estando inseridos numa instituição pública que os condiciona, seja pelas leis emanadas que são chamados a interpretar e a aplicar, seja em relação às condições materiais e organizatórias dos tribunais ou ainda decorrente da intervenção dos demais intervenientes processuais. Dependendo a função de julgar "da colaboração leal e verdadeira de todos os intervenientes nos actos judiciais (advogados, testemunhas, partes, queixosos, técnicos, peritos, réus, funcionários, etc)"[46], cabe questionar se além do juiz, autor da decisão jurisdicional e responsável pela direcção e condução do processo (artigos 154º, nº 1 e 650º do CPC), também os magistrados do Ministério Público e os demais intervenientes processuais, *maxime*, os *jurados*, os *juízes sociais*, os *árbitros* ou os *peritos* nomeados pelo tribunal, integram para este efeito a actividade jurisdicional, podendo encontrar-se submetidos a este regime de responsabilidade civil, previsto no RRCEE.

É indiscutível que num conceito *amplo* de função ou actividade jurisdicional intervêm vários actores ou operadores judiciários, em actividade *auxiliar* ou *complementar* à do juiz, sejam *externos*, como os advogados, as autoridades policiais ou os peritos, sejam *internos* ao tribunal, os magistrados do Ministério Público e os funcionários judiciais[47]. Não há dúvida de que todos, em função da sua concreta actuação, concor-

---

natureza penal. (...) O D.L. nº 48051, de 21-11-67, não abrange a função jurisdicional já que esta não integra a chamada Administração, e os actos judiciais no âmbito daquela função jurisdicional não suportam a qualificação de "actos de gestão pública".".

Importa salientar que a distinção entre os juízes e os demais trabalhadores do Estado, encontra-se fundada na Constituição (artigos 215º, 216º, 217º e 219º), estando os primeiros, na qualidade de detentores do poder judicial, apenas submetidos à lei e ao Direito (artigo 203º), numa estrutura sem relação hierárquica, com um estatuto próprio vertido em Lei, o Estatuto dos Magistrados Judiciais, o que justifica a desnecessidade de convocação, quanto aos juízes, do regime previsto no artigo 271º da Constituição, aplicável aos funcionários e agentes do Estado e das demais entidades públicas.

[46] J. AVEIRO PEREIRA, obra cit., pág. 135.

[47] O recente Acórdão do STJ, datado de 06 de Julho de 2011, extraído do processo (recurso de revista) nº 85/08.1TJLSB.L1.S1, analisa a questão da natureza jurídica do estatuto do *solicitador de execução*, *i.e.* o núcleo dos seus deveres, obrigações e direitos, "para depois ou apelar para a responsabilidade em sede de lei geral (cfr. artigos 500° do Código Civil e 808° do Código de Processo Civil, e ainda, artigo 69° C, i), 69° F, nº 2, a) do ECS) ou da Lei nº 67/2007, de 31 de Dezembro [....] no seu cotejo com idênticas funções desempenhadas

rem para o resultado final, pois é em função da alegação de facto e de direito apresentada ao juiz, do peticionado em juízo, da prova requerida, produzida e respectiva iniciativa probatória, da promoção processual, da concreta actividade de investigação ou instrução que tiver sido desenvolvida, da maior diligência e celeridade empregue na condução do processo e do cumprimento dos prazos estabelecidos pelos diversos agentes da justiça, que se obterá o resultado final, que será diferente em função de toda essa actuação, com reflexo na decisão jurisdicional proferida. Tendo presente esta realidade, para efeitos do regime previsto no artigo 13º do RRCEE – o qual, tem de ser entendido à luz do artigo 22º da Constituição, por ser o seu fundamento –, é de afastar este sentido *amplíssimo* da função jurisdicional, reconduzindo o erro judiciário ao erro cometido pelo juiz e pelo magistrado do Ministério Público, aquele que decide os termos da causa, define a solução jurídica para o caso concreto ou que, em cada momento, assume a direcção do processo.

Para JORGE MIRANDA[48], o RRCEE não trata da "responsabilidade por acções e omissões do Ministério Público (a não ser que se entenda inserida na responsabilidade da Administração)", mas embora se compreenda tal afirmação sob o prisma da distinção do estatuto jurídico--constitucional dos juízes e dos magistrados do Ministério Público, não sendo claro que estes integrem o poder judicial, nos termos do disposto nos artigos 202º e 219º, nº 4 da Constituição, consideramos que atento

---

por agente, ou funcionário público", num processo onde é invocado o erro grosseiro na actividade de um solicitador de execução, geradora de responsabilidade civil. Aí se considerou que "A partir dos elementos essenciais de caracterização orgânica e funcional da figura do solicitador de execução, no contexto da Reforma da acção executiva de 2003, mormente, o dever ser exercida por profissionais liberais supervisionados pela Câmara de Solicitadores perante quem respondem disciplinarmente por actos cometidos no processo e não perante o Juiz, o não serem, senão excepcionalmente, designados pelo Tribunal, o facto de apesar de intervirem em processos executivos agindo com latos poderes, na perspectiva da *desjudicialização* do processo, e actuarem em nome próprio, ainda que possam ser destituídos pelo Juiz mas só com justa causa, faz com que a componente, diríamos, *privada* da sua nomeação e o modo e responsabilidade da sua actuação, sobreleve a vertente da actuação *paradministrativa*, não devendo considerar-se que a sua actuação é a de um funcionário judicial, auxiliar ou comitido do Tribunal, nos termos do artigo 500º, nº 1 do Código Civil, daí que não exista da parte do órgão Tribunal responsabilidade objectiva por actos do solicitador de execução, que responsabilizem o Estado.".

[48] *In "Manual...", vol. IV, pág. 363.*

o disposto no artigo 14º, nº 1 do RRCEE, são de incluir tais magistrados no âmbito deste regime. Sendo inequívoco que a actuação do Ministério Público possa fundar a responsabilidade civil do Estado nos termos do artigo 12º, maiores dúvidas se colocam a propósito do artigo 13º do respectivo regime, embora também neste caso seja de conceder a sua aplicação, quando se trate da adopção de medidas erróneas. O Ministério Público, no exercício das suas funções, não só pode assumir a direcção do processo, como pode adoptar medidas lesivas que, embora possam ser excluídas do âmbito da jurisdição administrativa, por força do disposto no artigo 4º, nº 3, a) do ETAF, não deixam de ficar submetidas ao regime de responsabilidade civil previsto no RRCEE.

No demais, exclui-se a actuação dos agentes *externos* ao tribunal porque inexistindo relação jurídico-pública de natureza funcional, não há imputação directa da função exercida à pessoa colectiva, Estado e, também, dos agentes *internos*, os oficiais de justiça, por não exercerem a função judicial.

Por este motivo, encontra-se subtraído do regime de responsabilidade civil por danos decorrentes do exercício da função jurisdicional por erro judiciário, o ressarcimento pelos prejuízos decorrentes do mau funcionamento ou administração da justiça, inclusivamente, por violação do direito a uma decisão judicial em prazo razoável, por contribuírem para o funcionamento da justiça vários intervenientes que não exclusivamente os magistrados.

Para este efeito, releva quanto à qualificação dos actos – acto jurisdicional ou acto administrativo em matéria judicial – o critério da *natureza* da função exercida, a função jurisdicional, exercida em decorrência da relação funcional de natureza pública e não o critério da qualidade subjectiva, inerente ao seu autor. Mostra-se, por isso, determinante o critério que assenta na função exercida pelo sujeito, referindo-se a todos os que exerçam a função jurisdicional, enquanto critério material e não o critério puramente formal, que atenda a uma determinada condição funcional do sujeito, porque segundo este apenas seriam sujeitos para efeitos do regime de responsabilidade civil extracontratual por erro judiciário, os que se encontrassem integrados na carreira judicial. Não só é de conceder que não magistrados exerçam a função jurisdicional, como no caso da justiça arbitral, em que se reconhece o exercício da função de julgar aos juízes arbitrais, como que os magistrados possam praticar actos não jurisdicionais, isto é, actos materialmente administrativos[49]. Donde, integrar o âmbito subjectivo do regime de RRCEE todo aquele que exerça a função jurisdicional, emanando decisões judiciais, submetido a um estatuto de independência, estejam ou não integrados na carreira judicial.

Em momento anterior ao RRCEE, alguma doutrina[50] defendia que as regras de responsabilidade dos juízes deviam aplicar-se aos *árbitros*. Sendo indiscutível que em ambos os casos é exercido o poder jurisdicional e a função de julgar, é patente a distinção quanto ao respectivo regime estatutário, existindo uma assinalável diferença de designação de uns e outros. O recrutamento dos juízes é precedido de concurso, sendo os mesmos nomeados vitaliciamente, exercendo a função jurisdicional, enquanto função soberana do Estado, de forma exclusiva, mediante um sistema de garantias da imparcialidade[51] e segundo o critério do juiz natural; os árbitros são designados/escolhidos pelas partes, destinando-se a exercer a função jurisdicional em função de uma concreta causa arbitral, finda a qual o seu poder jurisdicional se extingue, sendo pelas mesmas remunerados. Constituindo a resolução dos litígios por via da arbitragem uma questão da actualidade, que os vários interesses envolvidos ditam para o seu maior desenvolvimento e incremento[52], é conveniente que haja a definição, por via legislativa, do regime de responsabilidade civil aplicável aos árbitros.

No tocante aos *juízes sociais*, exercendo estes a função jurisdicional no julgamento de questões de trabalho, de infracções contra a saúde pública, de pequenos delitos, de execução de penas ou outras em que

---

[49] Com LUÍS CATARINO, obra cit., pág. 219, "os actos jurisdicionais não esgotam o acervo de actos praticados pelo Poder Judicial".

[50] Cfr. VAZ SERRA, *"Responsabilidade civil do Estado e dos seus órgãos e agentes"*, in BMJ, n.º 85, 1959, pág. 452 e JOÃO AVEIRO PEREIRA, in *"A Responsabilidade Civil por Actos Jurisdicionais"*, Coimbra Editora, 2001, pág. 169-173

[51] *Vide* artigos 122.º e segs. do CPC.

[52] Relativamente à arbitragem administrativa, cfr. despacho autorizativo da criação do Centro de Arbitragem Administrativa – CAAD – Despacho do Secretário de Estado da Justiça n.º 5097/2009, datado de 27 de Janeiro de 2009, publicado no Diário da República, 2.ª Série, n.º 30, de 12 de Fevereiro de 2009. A tendência expansiva da arbitragem foi recentemente acompanhada pelo legislador no tocante à arbitragem em matéria tributária, nos termos do Decreto-Lei n.º 10/2011, de 20 de Janeiro. Sobre a *"Arbitragem de litígios com Entes Públicos"*, cfr. ANA PERESTRELO DE OLIVEIRA, Almedina, 2007.

se justifique uma especial ponderação dos valores sociais ofendidos, nos termos do n.º 2 do artigo 207.º da Constituição, existem razões materiais para se lhes ser aplicável o regime de responsabilidade civil em análise, concretamente, o regime previsto no art.º 14.º do RRCEE. De acordo com o regime legal previsto no artigo 10.º do Decreto-Lei n.º 156/78, de 30 de Junho[53], aplicam-se aos juízes sociais, com as necessárias adaptações, as normas sobre *disciplina* estabelecidas para os juízes de Direito, o que deve ser entendido em sentido amplo, de forma a abranger a violação do núcleo dos deveres inerentes ao exercício da função de juiz social, mas também do erro da decisão final que vier a ser tomada, salvo no tocante aos aspectos eminentemente técnico-jurídicos da decisão judicial.

Situação próxima ocorre em relação aos *jurados*. Nos termos do n.º 1 do artigo 207.º da Constituição, são os mesmos chamados a decidir no julgamento dos crimes graves, salvo os de terrorismo e de criminalidade altamente organizada, designadamente quando a acusação ou a defesa o requeiram. Incidindo a intervenção dos jurados não só sobre a matéria de facto, determinando os factos provados e não provados, mas também sobre os próprios termos da fixação da pena, decidindo sobre a culpabilidade do arguido, intervém nos termos da decisão judicial, pelo que, de um modo geral se diz que os jurados são juízes, por exercerem funções próprias do poder judicial[54], não obstante a lei não lhes outorgar essa condição. Estando em causa uma decisão jurisdicional ilícita em que existiu a intervenção do tribunal de júri, alicerçando-se a solução de direito, na matéria de facto anteriormente decidida pelos jurados e considerando que a decisão jurisdicional abarca a decisão sobre a matéria de facto, salvo quanto esteja em causa a imputação do erro exclusivamente de Direito, dificilmente se poderá imputar responsabilidade civil pessoal ao juiz, subsistindo a responsabilidade civil do Estado pelo exercício da função jurisdicional. No tocante à responsabilidade pessoal dos jurados, estes exercem de forma mais limitada a função jurisdicional, quando comparados com os juízes de direito, não participando nos mesmos moldes no sentido da decisão final tomada. Os jurados, decidindo sobre a matéria de facto, não dispõem de conhecimentos de Direito,

---

[53] O qual aprova o regime de recrutamento e funções dos juízes sociais.

[54] Sobre esta questão, *vide* MIGUEL ÁNGEL ENCINAR DEL POZO, "*La responsabilidad penal de los jueces y magistrados*", *in* "*La responsabilidad personal del juez*", AJMV, Thomson, 2008, pág. 73.

pelo que, não tendo a possibilidade de proceder ao enquadramento jurídico-penal da concreta factualidade apurada, existem razões materiais que ditam a não aplicação do regime de responsabilidade previsto no RRCEE. Não é ainda de olvidar o facto de não existirem mecanismos de salvaguarda da posição individualizada de qualquer dos jurados. Donde, os motivos da não aplicação do regime previsto no artigo 14º do RRCEE aos jurados residem não só no diferente estatuto jurídico-formal dos jurados, quando comparado com os demais magistrados, mas também em razões materiais, decorrentes de um diferente e mais limitado exercício da função jurisdicional[55].

Em relação à intervenção processual dos *peritos*, é de admitir que em consequência de um erro pericial, seja cometido um erro jurisdicional, pela absorção pelo juiz da actividade do perito. Sendo este um auxiliar do juiz e não dispondo o juiz, só por si, de elementos que lhe permitam pôr em causa o resultado da perícia, *maxime*, em exame médico ou laboratorial, não se suscitarão motivos para questionar tal resultado. Neste caso, embora não seja de afastar a responsabilidade do Estado pelos danos causados pelo exercício da função jurisdicional, por a actividade pericial dever considerar-se desenvolvida no seu âmbito, já existirá motivo para a desresponsabilização do juiz, por falta de dolo ou culpa grave, pois embora a perícia seja livremente apreciada, o erro da decisão jurisdicional assenta no erro pericial. É de questionar se, neste caso, pode existir *concurso* de culpa com as partes, *i.e.*, com a que procedeu à indicação do perito e com as demais, por todos serem notificados do resultado da perícia, podendo formular reclamações sobre o teor do relatório final. Se em relação à parte que indicou o perito não lhe pode ser imputada responsabilidade, seja pela actuação do perito, seja pelo resultado da perícia, é duvidoso que exista um dever processual de formular reclamações, com a consequência descrita, em face do disposto no nº 2 do artigo 587º do CPC. Por outro lado, não é de excluir a responsabilidade pessoal do perito, pelo erro da perícia ou da avaliação realizada, o que, contudo, se encontra excluído do regime da responsabili-

---

[55] Cfr. C. AMADO GOMES, *in "A Responsabilidade civil do Estado..."*, pág. 223, não inclui os *jurados* no regime previsto no artigo 14º do RRCEE, com o fundamento de não terem um "estatuto equiparável aos juízes" e J. AVEIRO PEREIRA, obra cit., pág. 176, em momento anterior ao RRCEE, defendia a aplicação aos jurados do estatuto da irresponsabilidade civil dos magistrados.

dade civil por erro judiciário, previsto nos artigos 13º e 14º do RRCEE, visto não ser exercido o poder judicial. Não se encontra, porém, excluída a responsabilidade civil do Estado, por tal actividade caber no âmbito do artigo 12º do RRCEE.

Quando exista a intervenção do *tribunal colectivo*, existe a assumpção pelo colectivo de três juízes da integralidade da decisão jurisdicional tomada e, consequentemente, do erro judiciário cometido. Apenas assim não acontecerá na situação de algum dos juízes expressar declaração de voto relativamente a alguma parte do conteúdo do acórdão, em relação aos seus fundamentos ou sobre o sentido da decisão tomada, caso em que, dependendo da natureza e amplitude do erro em causa, poderá a responsabilidade pessoal desse juiz ser afastada ou diminuída.

Pelo que, apenas à actividade desenvolvida, por acção ou omissão, dos magistrados judiciais e do Ministério Público, enquanto titulares de um dos órgãos do Estado, no exercício das suas competências *funcionais*, excluída a actividade dos funcionários judiciais e demais agentes da Justiça, podem ser imputados os danos decorrentes de uma decisão inconstitucional, ilegal ou injustificada, fundando a responsabilidade civil extracontratual por erro judiciário.

2.2. Delimitação *objectiva*: que "decisão jurisdicional"?

Debruçando-nos sobre o regime da responsabilidade civil por erro judiciário, o erro cometido pelos magistrados numa decisão por si emanada, no exercício das suas funções, torna-se relevante delimitar o âmbito *objectivo* do respectivo regime, isto é, *que* decisões jurisdicionais se encontram abrangidas.

Releva no conceito de *facto* juridicamente relevante, concretizador da situação de erro, aquele que se traduza numa conduta voluntária, num acto objectivamente controlável ou dependente da vontade, um comportamento humano, que pode consistir numa acção ou numa omissão do magistrado[56], enquanto sujeito de uma relação jurídica de

---

[56] Por *acção*, o facto ilícito tanto se pode corporizar num acto *jurídico*, como num acto *material*, desde que ocorrido no exercício da função jurisdicional; por *omissão* é a mesma relevante como causa adequada do dano quando exista o dever *legal* de agir, de praticar o acto, o que, quando aplicado ao regime de responsabilidade civil por danos decorrentes do exercício da função jurisdicional, tem a aptidão, em princípio, de excluir outra fonte

natureza pública, no exercício ou conexionado com o exercício da função, excluído o mero acontecimento natural, o qual há-de ser a causa do dano. Esse facto, quando praticado na função da *jurisdictio* é associado ao *ius dicere* do direito romano, o que significa que deve abranger todas as decisões *finais* ou *interlocutórias*, tomadas no âmbito de um processo, que lhe ponham ou não termo, assim como as decisões de natureza *preparatória*, *executiva* ou *incidental*, que assumam a natureza de uma causa, que devem ser acatadas por todas as entidades abrangidas (artigo 156º, nº 2 do CPC). O que antecede traduz que, para este efeito, o conceito de sentença não deve ser tomado no seu sentido técnico-processual, já que para além das decisões definitivas, que põem termo à instância, total ou parcialmente, seja de *forma*, seja de *mérito*, seja em acção, seja em providências cautelares e seus incidentes, não é de excluir que outras decisões tomadas e mesmo certos *despachos*[57], possam influir na decisão final. Por outro lado, tendo presente a noção de *processo* e o seu respectivo rito ou tramitação, praticamente toda a actividade processual, quer na fase instrutória, quer na fase de julgamento, tem como escopo, seja a que título for, directo ou indirecto, principal ou não, a prolação da decisão final, que resolva o litígio trazido a juízo, com a consequente extinção da lide. Assim, inclinamo-nos a não restringir a decisão jurisdicional a que

da obrigação, como o negócio jurídico, seja unilateral, seja bilateral. Porém, é de admitir que existam *negócios* que determinem ou imponham a prática de actos jurisdicionais, conduzindo a sua falta a uma situação omissiva. Além dos negócios jurídicos processuais que podem ser praticados na pendência da lide, a desistência, por via unilateral e a transacção, de natureza bilateral que, salvo em matéria de direitos indisponíveis, nos termos do nº 1 do artigo 299º do CC, conduzem à prolação de sentença homologatória do negócio submetido a juízo, também relevam os contratos substitutivos da resolução jurisdicional de litígios.

[57] Cfr., exemplificadamente, os *despachos* que decidam a admissão de articulado superveniente, de requerimentos de produção de prova, da ampliação do pedido/causa de pedir, da modificação objectiva/subjectiva da instância e da constituição do tribunal de júri. Reconhece-se, contudo, dificuldade acrescida na demonstração do *nexo de causalidade* do despacho para a produção do dano. Admitindo a responsabilidade civil pela prolação de despachos, CARLOS CADILHA, "*Regime da Responsabilidade Civil Extracontratual do Estado e Demais Entidades Públicas Anotado*", Coimbra Editora, 2008, obra cit., pág. 195; em sentido contrário, restringindo a responsabilidade por erro judiciário "apenas à decisão final", CABRAL MONCADA, "*Responsabilidade Civil Extra-Contratual do Estado*", Edição Abreu & Marques, Vinhas e Associados, 2008, pág. 81.

se refere o RRCEE à decisão final, aquela que põe termo ao litígio, nem a identificá-la ao conceito técnico-jurídico de sentença.

Em suma, adoptando-se um entendimento *restrito* do âmbito *subjectivo* do regime da responsabilidade civil por erro judiciário, limitando-o aos magistrados, judiciais e do Ministério Público[58], é de entender *amplamente* o âmbito *objectivo* do respectivo regime, abrangendo nele não só as decisões jurisdicionais, *maxime*, sentença ou acórdão proferidos pelo juiz, enquanto decisões finais que definem a situação jurídica do caso concreto, pondo termo ao litígio, como qualquer outra decisão ou medida aplicada pelo magistrado, que tenha a aptidão de definir a situação jurídica e a concreta composição de interesses, ainda que provisoriamente ou no exercício de funções materialmente administrativas.

As razões determinantes deste entendimento *amplo* de decisão jurisdicional prendem-se com a identidade de razões *materiais* subjacentes, pois quer quando os magistrados praticam actos jurisdicionais, quer quando praticam actos administrativos no exercício da função jurisdicional, existe: *i)* uma decisão enfermada de erro, *ii)* tomada por um magistrado ou por quem está investido do poder judicial, *iii)* no âmbito de um litígio em que existem interesses contrapostos e que, *iv)* ainda que provisoriamente (cfr. providências cautelares, medidas aplicadas pelo Ministério Público...) ou sem adquirir força de caso julgado (jurisdição voluntária), destina-se a regular essa composição de interesses.

---

[58] O que para outros, nos termos anteriormente expostos, constituirá uma acepção *ampla*.

3.
Pressupostos materiais do dever de indemnizar

Todas as decisões judiciais devem ser isentas de erro[59], conformes à lei, ao Direito e à Justiça, sem esquecer as limitações da justiça humana, a que é feita por homens. Para este efeito releva, não o erro *material*, o erro de escrita ou de cálculo, correspondente a inexactidão ou lapso manifesto, que é rectificável, mesmo depois de esgotado o poder jurisdicional, nos termos dos artigos 666º e 667º do CPC, mas o erro *de julgamento*, a decisão contra lei expressa ou contra os factos apurados, traduzido na falsa representação da realidade, que se reflecte no sentido da decisão proferida.

Não fornecendo o RRCEE uma noção de erro judiciário, apontam-se as características que esse erro deve revestir para que seja fonte geradora de responsabilidade civil: ter sido praticada uma decisão jurisdicional manifestamente inconstitucional ou ilegal (erro *manifesto* de direito) ou que seja injustificada, por erro grosseiro na apreciação dos pressupostos

---

[59] O *erro* significa o engano ou a falsa concepção acerca de um facto ou uma coisa, distinguindo-se da ignorância porque se traduz essencialmente na falta de conhecimento. O erro é o reverso do conhecimento ou consciência. Consciência e vontade são os elementos componentes da própria vontade culpável. O erro afecta a vontade, viciando o seu elemento intelectual, é um conhecimento falso de uma realidade e sendo conhecimento do que não é, é também ignorância do que é (CAVALEIRO FERREIRA, *Lições de Direito Penal*, 1987-241), *apud* JOSÉ MELO FRANCO e HERLANDER ANTUNES MARTINS, *in* "*Dicionário de Conceitos e Princípios Jurídicos*", Almedina, 3ª edição, 1991, pág. 389 e cfr. Acórdão do STJ, datado de 29 de Janeiro de 2008, processo nº 081384.

de facto (erro *grosseiro* de facto)[60]. Está em causa, em ambos os casos, erros evidentes e indesculpáveis (*error intolerabilis*), os quais consistem nos pressupostos *materiais* específicos da responsabilidade civil por erro judiciário[61].

A imputação da responsabilidade civil por erro judiciário depende, por isso, da verificação de um dos motivos de ilegalidade da decisão judicial, que a mesma esteja enfermada de erro grosseiro nos respectivos pressupostos de facto[62] ou que patenteie manifesto erro de direito[63].

---

[60] Atenta a redacção do nº 1 do artº 13º do RRCEE, discordamos do sentido dado por PAULA COSTA E SILVA, *"A ideia de Estado de Direito e a responsabilidade do Estado por erro judiciário: The King can do [no] wrong"*, *in* O Direito, Ano 142º, 2010, I, pág. 62, segundo a qual "a inconstitucionalidade, a ilegalidade e a falta de justificação da decisão jurisdicional causadora do dano deverão ser *manifestas*", "a inconstitucionalidade, a ilegalidade e a falta de justificação manifestas da decisão jurisdicional causadora do dano deverão ter sido provocadas por um erro grosseiro" e "o erro grosseiro – que determina a inconstitucionalidade, a ilegalidade e a falta de justificação manifestas da decisão jurisdicional causadora do dano – deverá resultar do modo como foram apreciados os pressupostos de facto nesta decisão". Para nós o legislador distingue apenas entre o *erro de direito* e o *erro de facto*, qualificando o primeiro de *manifesto* e segundo de *grosseiro*, mas não sobrepondo o respectivo regime, pois a ser desse modo seria de exigir a sua verificação *cumulativa*, que o legislador não previu ao utilizar a conjunção *"ou"* entre as decisões "inconstitucionais ou ilegais" e as decisões "injustificadas". Essa leitura da norma traduzir-se-ia na introdução de maiores limites à verificação dos pressupostos materiais da responsabilidade por erro judiciário, *maxime*, quanto ao erro de facto que, além de *grosseiro*, teria de ser *manifesto*. De resto, poder-se-á perguntar se o erro manifesto não será também grosseiro e vice-versa. Igualmente não se concorda com a citada Autora, a pág. 63, quando refere que "Literalmente o artigo 13º, nº 1 parece não atingir nem a interpretação, nem a aplicação da lei, mas somente a apreciação dos pressupostos de facto da decisão", assim como o demais raciocínio desenvolvido, por nos parecer inequívoco estar abrangida a actividade de interpretação e aplicação da lei, *i.e.*, o erro de direito.

[61] No demais, aplicam-se os pressupostos *gerais* da responsabilidade civil extracontratual, conhecidos do direito das obrigações – facto, ilicitude, culpa, dano e nexo de causalidade –, embora esteja em causa uma responsabilidade por actos de gestão pública estadual.

[62] A expressão decisão "injustificada por erro grosseiro na apreciação dos pressupostos de facto", introduzida no artigo 13º do RRCEE, não é nova na ordem jurídica interna, constando do artigo 225º do Código de Processo Penal, a propósito do dever de indemnizar do Estado por prisão preventiva injustificada.

[63] Considerando que, em rigor, apenas após a selecção da factualidade relevante se procede à aplicação do Direito, é discutível a opção do legislador em prever primeiramente o erro de direito.

PRESSUPOSTOS MATERIAIS DO DEVER DE INDEMNIZAR

Resulta do exposto a utilização de conceitos indeterminados[64], que podem acarretar problemas de natureza hermenêutica, cuja interpretação e preenchimento se farão, caso a caso, pelo juiz, por não ser possível *a priori* definir de forma segura e exclusiva todas as condições que recaem no seu âmbito. Se certos erros não oferecerão dificuldades quanto à sua qualificação, na maior parte, são de admitir situações intermédias, zonas cinzentas.

Dada a essencialidade da qualificação do erro de facto e de direito para a efectivação da responsabilidade civil por erro judiciário, importa atentar na densificação de tais conceitos.

A utilização de conceitos indeterminados traduz a intenção de conceder espaços de preenchimento ao julgador, devendo tais conceitos ser interpretados em conformidade com o significado que deles se faz no direito nacional.

Por serem imediatamente valorativos, os conceitos *manifesto* e *grosseiro* traduzem uma elevada relevância ou importância, não bastando *qualquer* erro, o erro banal, corrente ou comum, aquele que ultrapassa o dever associado ao exercício da função, mas antes aquele que o magistrado tem a obrigação de não cometer, por ser crasso e clamoroso. Assim, encontra-se subtraído do conceito de erro juridicamente relevante para efeitos de responsabilidade civil por erro judiciário, a simples diferença de interpretação da lei, pois julgando o juiz segundo a sua convicção, formada com base nos elementos factuais demonstrados no processo e no quadro normativo vigente, essa interpretação na grande maioria das vezes não é singular, não sendo a única possível. A extensão da respon-

---

[64] Segundo WALTER JELLINEK, entende-se por conceito jurídico indeterminado a "antítese do conceito jurídico determinado", os quais, um e outro, têm limites, pois caso contrário não seriam conceitos. Enquanto "o conceito determinado possui uma única linha de fronteira que permite formular um juízo seguro (assertivo) sobre a pertença ou não a este de um certo evento, o conceito indeterminado tem duas. Por isso, também o conceito indeterminado permite fazer juízos seguros. Mas, entre os juízos positivos e negativos, existe uma zona de fronteira de mera possibilidade (um juízo problemático)", correspondentes à "esfera de dúvida possível" – Gesetz, Gesetzanwendung und Zweckmaessigkeiterwaegungen", reimpressão de 1964 da edição de Tubinga, 1913, pág. 37, *apud*, RUI MACHETE, "*Conceitos Indeterminados e Restrições de Direitos Fundamentais por via Regulamentar*", *in* "Estudos em Homenagem ao Prof. Doutor Joaquim Moreira da Silva Cunha", Edição da Faculdade de Direito da Universidade de Lisboa, Coimbra Editora, 2005, pág. 721.

sabilidade civil aos casos de culpa grave do juiz aparece limitada, pois a lei exclui como possível objecto material de responsabilidade a actividade de interpretação de normas jurídicas, assim como a valoração dos factos e das provas[65]. Como adverte, ALBERTO DOS REIS, o que seria dos magistrados se fosse lícito persegui-los por perdas e danos, a título de ser injusta a decisão jurisdicional, pelo que, no confronto de interesses, atento o regime legal ora delineado, conjuga-se o princípio da responsabilização por erro judiciário com o princípio da independência decisória dos tribunais.

Está em causa a definição caso a caso, do preenchimento da previsão da norma legal, que exige a passagem por um processo cognitivo, de conhecimento da realidade subjacente e a subsequente concretização ou complemento da norma. A interpretação dos conceitos indeterminados "para além de eventualmente poder revestir algum aspecto volitivo ou de ponderação de interesses – envolve seguramente o acrescentar à previsão da norma interpretanda elementos que não fazem parte da sua previsão ... O fenómeno de completamento da norma "imperfeita" contendo o conceito indeterminado representa a integração de uma lacuna intencional – a zona vaga ou incerta do conceito."[66].

No caso do erro judiciário, o preenchimento da *facti species* da norma é feito pelo juiz, mediante a formulação do juízo de definição da zona positiva ou negativa do conceito indeterminado, fazendo o lesado pelo erro valer a sua defesa no âmbito do recurso jurisdicional que ao caso couber[67], pelo que, o controlo que sobre essa tarefa de preenchimento se

---

[65] No ordenamento jurídico italiano, nos termos da Lei 117/1988, de 13 de Abril, a responsabilidade civil por culpa grave aparece duplamente limitada. Além de a lei excluir como possível objecto material de responsabilidade a actividade de interpretação do Direito e de valoração dos factos e das provas, também delimita, em sentido positivo, a culpa grave, que se define pela presença qualificada de uma negligência indesculpável no trabalho, tipificada mediante uma enumeração taxativa de hipóteses de culpa grave: a) a grave violação da lei por negligência indesculpável; b) a afirmação, por negligência indesculpável, de um facto cuja existência está excluída incontestadamente dos autos; c) a negação, por negligência indesculpável, de um facto cuja existência resulta incontestavelmente do processo; d) a emanação de uma decisão que afecte a liberdade de uma pessoa, fora dos casos permitidos por lei ou sem motivação.

[66] RUI MACHETE, obra cit., pág. 729.

[67] A natureza da decisão sobre a qualificação do erro, como *questão de facto* ou como *questão de direito*, a qualificar como *questão de direito*, não assume a relevância de outrora, atenta a

fará será também ele de natureza judicial. Na tarefa de preenchimento do conceito indeterminado, o juiz não deixa de dever obediência à lei e à Constituição, exercendo um poder vinculado, quer por via do grau de determinação normativo utilizado pelo legislador, quer pela possibilidade de recurso da decisão que vier a ser proferida, pelo que, como noutras circunstâncias, os tribunais podem apreciar a legalidade da decisão judicial tomada acerca da qualificação do erro.

Por não bastar o mero erro, revela-se o intuito de limitar a efectivação do direito à indemnização, justificando a questão central de saber se a responsabilidade civil por erro judiciário, nos termos do actual regime previsto no RRCEE, se traduz numa *realidade*, num princípio efectivamente *concretizado* ou numa mera enunciação de um princípio *por concretizar*, carecido de efectividade prática.

Tomando posição pela necessidade de contenção do direito à indemnização ou da imposição de limites que conduzam a esse resultado, por decorrente da situação de erro não ser de impor um maior sacrifício à generalidade dos cidadãos, traduzido em suportar financeiramente os encargos com as indemnizações devidas, a suportar pelo Estado, por um qualquer erro cometido, é, no entanto, de afastar a construção de um regime que vede a possibilidade de responsabilização efectiva, seja do Estado-juiz, seja dos magistrados pelos erros cometidos no exercício da função jurisdicional. Tendo presente que as reservas à liberdade de conformação legislativa quanto à definição do conteúdo e limites à responsabilidade civil extracontratual do Estado, decorrentes do regime aplicável aos direitos, liberdades e garantias, previsto no artigo 18º da Constituição, não vedam *in totum* considerações relativas à "prerrogativa orçamental do Parlamento" e da "manutenção da capacidade funcional do Estado"[68], valem os demais princípios gerais, com consagração constitucional, os princípios da prossecução do interesse público, da igualdade e da proporcionalidade, o que permite afastar a construção de um regime demasiado castrador da possibilidade de ressarcimento dos danos causados por erro judiciário. Além destas considerações, a *qualifi-*

---

alteração ao regime dos recursos operada pelo Decreto-Lei nº 303/2007, de 24 de Agosto. Sobre tal distinção, V. KARL LARENZ, *"Metodologia da Ciência do Direito"*, Fundação Calouste Gulbenkian, 4ª edição, 2005, pág. 433.

[68] V. G. CANOTILHO e V. MOREIRA, obra cit., 2007, pág. 437-438.

cação do erro como manifesto e grosseiro também tem de ser perspectivada à luz da compreensão do núcleo essencial e irredutível da função de julgar, constituindo as actividades de valoração dos factos e das provas e de interpretação e aplicação da lei, a essência da função jurisdicional, em relação às quais é necessário preservar a necessária liberdade e independência decisória[69].

Donde, em face das considerações antecedentes, considera-se justificada a opção restritiva, mas não impeditiva, em relação aos pressupostos materiais do dever de indemnizar por erro judiciário.

3.1. Do erro *grosseiro* de facto

Segundo a formulação legal, a decisão jurisdicional será injustificada se incorrer em erro *grosseiro* na apreciação dos pressupostos de facto, o que traduz a actividade de valoração dos factos e das provas. Por decisão injustificada, por erro *grosseiro* de facto, entende-se aquela que não tem justificação, que não se encontra alicerçada nas concretas circunstâncias

---

[69] Não sendo a actividade jurisdicional uma actividade *perigosa*, nos termos em que a expressão é empregue na teoria da responsabilidade pelo risco, sendo discutível que a indemnização por erro judiciário se fundamente no *risco* da actividade, o evoluir dos tempos tem ditado uma densificação de factores que contribuem para esse "risco", ou seja, aquelas que são as mais prováveis *causas* de erro: *1)* a proliferação legislativa que caracteriza o poder legislativo da actualidade; *2)* a perda sucessiva de falta de clareza dos textos normativos; *3)* a crescente complexidade dos processos judiciais, decorrente da cada vez maior complexidade das relações jurídicas, configurada como maior conflitualidade *qualitativa*; *4)* o aumento do número de processos a cargo do juiz ou a maior conflitualidade *quantitativa*; *5)* a insegurança de certos meios de obtenção da prova; *6)* a falta de preparação técnica dos magistrados em áreas novas do Direito e *7)* a relevância dada actualmente à produtividade e à celeridade da tramitação processual, que induz a pressa e a decisão rápida dos processos. Nos últimos anos têm-se acentuado a preocupação com a morosidade da justiça, dando-se grande relevância à celeridade da tramitação processual, com vista a tentar diminuir a duração dos processos, assim como à produtividade, em termos quantitativos. O actual modelo de justiça parece reservar para o tribunal superior o papel fiscalizador do *acerto* da decisão tomada em primeira instância, olvidando que cada processo tem o seu tempo, necessário ao estudo e reflexão sobre a solução jurídica, que não deve ser postergado em função do elevado número de processos a cargo de cada magistrado. Como factores que influenciam positivamente a *qualidade* da decisão jurisdicional, referem-se: *1)* o voto de vencido, relevante para a prevenção e detecção do erro; *2)* a qualidade da defesa, que participa no resultado da decisão; *3)* os meios de sonoros e audiovisuais de gravação e de reprodução da produção da prova e *4)* o sistema de recursos, atenta a sua função de controlo e de uniformização do direito.

de facto que deveriam determinar o seu proferimento, as situações de afirmação ou negação de um facto cuja verificação se mostre incontestada no processo ou que não deixe margem para quaisquer dúvidas ou quando o juiz decidiu em flagrante contradição com os factos dados por provados. O erro é indesculpável ou inadmissível quando o juiz podia e devia consciencializar o engano que esteve na origem da sua decisão[70]. Quando deste modo não puder configurar-se o erro, como sejam as situações de *non liquet* probatório ou em que não exista um juízo seguro, em que se opta pelo *plausível*, não sendo possível ao juiz recusar uma decisão por dúvida, nos termos do nº 1, do artigo 8º do Código Civil, será de reputar a actividade desenvolvida abrangida pela liberdade de valoração das provas, de acordo com o regime probatório aplicável.

Vigorando no nosso ordenamento jurídico regras legais quanto ao valor probatório dos meios de prova[71], existindo provas de valor legal tabelado e outras sujeitas à livre convicção do julgador, estará facilitado o apuramento do erro grosseiro quanto às provas de valor legal tabelado, por nesse caso ser possível emitir um juízo de certeza jurídica acerca da relevância da prova produzida. Já mais dificilmente se poderá apurar o erro grosseiro no apuramento dos factos que hajam sido demonstrados por meios de prova de livre valor probatório, como seja o caso da prova testemunhal, nos termos do artigo 396º do Código Civil, já que relevando o princípio da livre apreciação, com o qual estão relacionados

---

[70] Segundo os Acórdãos do STJ, de 15 de Fevereiro de 2007, processo nº 06B4564 e de 03 de Dezembro de 2009, processo nº 9180/07.3BBRGG1S1, por erro *grosseiro* deve entender-se o erro "crasso, palmar, indiscutível", aquele que torna uma "decisão claramente arbitrária, assente em conclusões absurdas, demonstrativas de uma actividade dolosa ou gravemente negligente". Segundo o Acórdão do mesmo Tribunal Superior, datado de 18 de Maio de 2011, processo nº 420/06.7GAPVZ.S1, "O erro notório na apreciação da prova está intimamente ligado ao conceito de facto notório de que, com amplitude, o direito civil se faz eco, com o alcance de facto de todos conhecido, em si e sua consequências, traduzindo aquele um erro supino, crasso, e inquestionável a partir da simples leitura do texto da decisão recorridas, que escapa à lógica das coisas, ou seja quando sendo usado um processo lógico racional se extrai de um facto uma conclusão ilógica, irracional, arbitrária ou notoriamente violadora das regras da experiência comum. (...) O erro notório na apreciação da prova repercute e encerra o resultado inconsistente, ilógico e arbitrário firmado pelo julgador, de uma grandeza e ostensividade tais que não passa despercebido ao cidadão comum, não embrenhado nos meandros jurídicos.".

[71] Cfr. as regras de direito probatório material, previstas no artigo 341º e segs. do CC.

os princípios da imediação e da oralidade, ainda que a decisão judicial venha a ser revogada, por reapreciação da matéria de facto, não é seguro falar em erro grosseiro[72].

Nas situações em que vier a comprovar-se o erro da decisão jurisdicional com fundamento em factos supervenientes que, por essa razão, não puderam ser considerados na decisão proferida, ou no apuramento de que é falso determinado facto, dado por provado no respeito pelas regras legais de direito probatório, não há lugar a responsabilidade civil por erro judiciário, por não poder falar-se nestes casos em erro grosseiro quanto aos pressupostos em que assentou a decisão jurisdicional.

Assim, se a decisão jurisdicional assenta a solução jurídica nos factos provados, considerando os elementos constantes no processo – a *verdade do processo* – e as regras de direito probatório, não há fundamento para a responsabilidade civil por erro judiciário, ainda que tais factos não sejam verdadeiros ou se vierem a ocorrer factos supervenientes, que não foram conhecidos no processo, por nenhum erro ser de imputar ao juiz[73].

---

[72] V. Acórdão do STA, 17 de Março de 2010, proc. 367/09: "A garantia de duplo grau de jurisdição em matéria de facto (art. 712º CPC) deve harmonizar-se com o princípio da livre apreciação da prova (art. 655º/1 CPC). Assim, tendo em conta que o tribunal superior é chamado a pronunciar-se privado da oralidade e da imediação que foram determinantes da decisão em 1ª instância e que a gravação/transcrição da prova, por sua natureza, não pode transmitir todo o conjunto de factores de persuasão que foram directamente percepcionados por quem primeiro julgou, deve aquele tribunal, sob pena de aniquilar a capacidade de livre apreciação do tribunal *a quo*, ser particularmente cuidadoso no uso dos seus poderes de reapreciação da decisão de facto e reservar a modificação para os casos em que a mesma se apresente como arbitrária, por não estar racionalmente fundada, ou em que for seguro, segundo as regras da ciência, da lógica e/ou da experiência comum que a decisão não é razoável." e de 14 de Abril de 2010, proc. 751/07: "o tribunal de recurso, em princípio, só deve alterar a matéria de facto em que assenta a decisão recorrida se, após ter sido reapreciada, for evidente que ela, em termos de razoabilidade, foi mal julgada na instância recorrida".

[73] Nesta situação existirá fundamento para a interposição de recurso de revisão, atenta a descoberta de novos factos ou meios de prova e, por outro lado, que tais novos factos ou meios de prova suscitam graves dúvidas sobre a justiça da decisão. Como se extrai do Acórdão do STJ de 12 de Setembro de 2007, processo n.º 2431/07 – 3.ª (repetido no Acórdão de 11 de Fevereiro de 2009, no processo n.º 4215/04, do mesmo relator): "A lei admite a revisão se a descoberta de novos factos ou novos meios de prova (de factos) vier a alterar ou pôr em crise a matéria de facto fixada na sentença condenatória, modificando-a ou invalidando-a, de tal forma que fique seriamente em dúvida a justiça da condenação, isto é, que

3.2. Do erro *manifesto* de direito

A lei não clarifica o que deve ficar abrangido no conceito de erro de direito, nem o que há-de traduzir-se o erro *manifesto*.

O erro de direito tanto pode consistir num *erro de previsão*, o erro na determinação da norma convocada a disciplinar a situação jurídica, na modalidade de erro na *qualificação*, quando é mal seleccionada a norma aplicável e de erro na *subsunção*, quando o tribunal integra na previsão da norma factos que ela não comporta, como num *erro na estatuição*, respeitante à aplicação da consequência jurídica definida pela norma[74].

Para ALBERTO DOS REIS, os juízes podiam incorrer em responsabilidade "quando decidirem contra lei expressa", referindo-se ao erro de interpretação do *texto* da lei, mas essa é actualmente uma formulação insuficiente, não só em face do RRCEE, como do artigo 22º da Constituição, devendo o erro de direito ser interpretado de modo a abranger a actividade de interpretação de todo o bloco de legalidade, isto é, das normas substantivas e processuais, do direito nacional, europeu e internacional, a que Portugal se vinculou e ainda dos princípios gerais do ordenamento jurídico.

Neste domínio releva o regime da responsabilidade da União Europeia, designadamente, o regime da responsabilidade dos Estados--membros por violação do direito europeu, que consagra o princípio da responsabilidade pelos danos causados pelas violações do direito europeu decorrentes do exercício das funções estaduais, incluindo a função jurisdicional. Pelo menos, desde 1991, com o Acórdão *Francovitch*[75], onde

---

resulte muito provável, dos novos factos ou meios de prova, que o condenado não cometeu a infracção, devendo assim ser absolvido. (...) É o chamado «erro judiciário», a incompleta ou incorrecta averiguação da verdade material, que determinou a subsunção dos factos a um certo tipo legal, e consequentemente a condenação, que o legislador pretende remediar com a aludida al. d). Só um erro deste tipo pode caracterizar como injusta a decisão condenatória. A injustiça, no contexto daquela alínea, está efectivamente conexa com a descoberta de um erro na fixação dos factos que levaram à condenação. (...) A revisão de sentença transitada em julgado é ainda consentida quando "uma outra sentença transitada em julgado tiver considerado falsos meios de prova que tenham sido determinantes para a decisão".

[74] V. M. TEIXEIRA DE SOUSA, "*Estudos sobre o Novo Processo Civil*", Lex, 2ª edição, 1997, pág. 409.

[75] Acórdão de 19 de Novembro de 1991, processo C-6/90 e C-9/90, *Andrea Francovitch e outros/República Italiana*.

se afirmou que o direito da União Europeia consagra o princípio da responsabilidade dos Estados-membros por danos causados aos particulares por acções e omissões por violação do direito europeu, o TJUE tem admitido as pretensões fundadas na violação do direito europeu. Tal jurisprudência foi desenvolvida em arestos seguintes, com relevo para o Acórdão *Brasserie du Pêcheur/Factortame*[76], no âmbito do qual se explicitou que os pressupostos da responsabilidade dos Estados-membros são semelhantes aos da responsabilidade civil extracontratual da União Europeia, conquanto haja uma violação particularmente qualificada de uma norma europeia directamente aplicável. Os prejuízos imputáveis ao Estado por violação do direito europeu tanto podem ter por facto gerador um comportamento da Administração, como dos Tribunais e do legislador, admitindo o TJUE, no âmbito da responsabilidade dos Estados-membros pelos danos causados no exercício da função jurisdicional, que a responsabilidade do juiz é *excepcional*, por apenas o erro *manifesto* a poder despoletar.

Assim, não obstante o artigo 13º, nº 1, ser omisso em relação ao direito europeu, deve interpretar-se tal preceito como abrangendo a violação desse direito, em conformidade com as normas supra estaduais a que Portugal se vinculou[77].

Por outro lado, na economia da interpretação do artigo 13º do RRCEE, pode adoptar-se um sentido mais ou menos amplo sobre o conceito de decisão *manifestamente* viciada por erro de direito. Num sentido abrangente incluir-se-ão, além das decisões desconformes com a Constituição, também as que apliquem norma ou texto legal ferido de inconstitucionalidade, *maxime* se tais normas já foram julgadas inconstitucionais pelo Tribunal Constitucional; num sentido restrito apenas preencherão tal conceito as decisões que afrontem a Constituição. Em

---

[76] Processos C-46/93 e C-47/93, JOCE nº C 92, 02-04-93.

[77] A violação do direito comunitário imputável à função judicial pode resultar da não aplicação de uma norma comunitária pertinente, da prolação de decisão jurisdicional que contrarie norma ou princípio comunitário, efectuando interpretação errada desse direito ou ainda quando o tribunal desobedeça a acórdão do TJUE. Releva o reenvio prejudicial obrigatório, para interpretação pela jurisdição nacional que decide sem possibilidade de recurso, sempre que uma questão de direito comunitário lhe é posta, salvo se esse tribunal concluir "que a aplicação correcta do direito comunitário se impõe com tal evidência que não deixa lugar a qualquer dúvida razoável" (cfr. Acórdão *CILFIT*, proc. 283/81, Rec. 82).

qualquer caso, na adequada compreensão do significado do conceito de decisão manifestamente inconstitucional, deve atender-se ao disposto no artigo 204º da Constituição, que impõe aos tribunais o dever de rejeição de normas que infrinjam o disposto na Constituição ou os princípios nela consignados.

Sendo, em princípio, de admitir o sentido amplo apontado, é de exigir, porém, que essa inconstitucionalidade haja sido declarada pelo Tribunal Constitucional, por serem muito raras as inconstitucionalidades manifestas. Embora cada juiz do processo seja também *juiz constitucional*, por qualquer tribunal ser competente para julgar a inconstitucionalidade, há a considerar o seguinte: *a)* o Tribunal Constitucional não sendo o único juiz constitucional, é o único que emana *sentenças constitucionais*, atenta a sua *sensibilidade* específica e a *especialidade* da formulação do juízo de (in)constitucionalidade, além da dificuldade da formulação desse juízo, patenteada no teor dos acórdãos e respectivas manifestações de voto; *b)* não deve criar-se uma forma de controlo atípico da constitucionalidade, que colida com a competência e a reserva de jurisdição atribuída ao Tribunal Constitucional, para *uniformidade* dos juízos difusos sobre a validade das normas, nos termos do artigo 221º da Constituição; *c)* foi o próprio legislador que qualificou a inconstitucionalidade de *manifesta*, afastando do conceito de erro de direito relevante para efeitos indemnizatórios por responsabilidade civil por erro judiciário, *qualquer* inconstitucionalidade ou ilegalidade e *d)* não deve esvaziar-se o conteúdo da responsabilidade civil pelos prejuízos que a própria lei causar (responsabilidade civil pelo exercício da função legislativa).

Poderá ainda falar-se em decisão jurisdicional supervenientemente inconstitucional ou ilegal[78]?

E hipotisando a situação em que, após a emanação da decisão jurisdicional, mantendo-se o quadro fáctico e normativo que vigorava à sua data, for proferida decisão de instância europeia a definir a interpretação da norma nacional aplicada com o direito europeu, a decisão nacional torna-se supervenientemente contrária a esse direito?

---

[78] Relacionando com os actos *legislativos*, para JORGE MIRANDA, obra cit., vol. II, pág. 287, existe inconstitucionalidade *superveniente* quando a lei fica desconforme com as normas e princípios constitucionais em momento subsequente ao da sua produção, isto é, quando uma nova norma constitucional surge e dispõe em contrário de uma lei precedente.

Fora do quadro em que uma decisão jurisdicional é submetida a reapreciação jurisdicional, seja numa instância nacional ou não, é de afastar que existam decisões jurisdicionais supervenientemente inconstitucionais ou ilegais. A inconstitucionalidade ou ilegalidade tem de ser sempre reconhecida no âmbito de uma instância, em respeito pelo caso julgado, da certeza e segurança jurídica e do princípio da separação de poderes, não bastando a clarificação da *melhor* interpretação do Direito. Seguindo RUI MEDEIROS[79], a declaração superveniente da inconstitucionalidade com força obrigatória geral da lei aplicada não envolve de *per si* a nulidade da sentença nela fundada e não constitui fundamento *autónomo* da revisão[80] da decisão jurisdicional.

A segunda questão, conexa com a primeira, remete-nos para o teor da alínea f) do artigo 771º do CPC, impondo averiguar da subsunção do caso à previsão dessa norma legal[81] e o apuramento da distinção entre norma legal *contrária* ao direito comunitário e de norma legal interpretada *em conformidade* com esse direito, não existindo motivos para divergir da solução dada à questão anterior, *i.e.*, de não poder falar-se em decisão jurisdicional supervenientemente inconstitucional ou ilegal em consequência da clarificação do direito europeu por instância europeia.

Ainda na caracterização do que deverá entender-se por decisão manifestamente inconstitucional ou ilegal, mostra-se relevante apurar

---

[79] In *"A Decisão de Inconstitucionalidade – Os Autores, o Conteúdo e os Efeitos da Decisão de Inconstitucionalidade da Lei"*, Universidade Católica Editora, 1999, pág. 547.

[80] O recurso de *revisão* interpõe-se de decisões transitadas em julgado – sentenças, acórdãos e despachos –, mesmo em processos cujo valor se encontra dentro da alçada do tribunal que proferiu a decisão, cabendo inclusivamente de decisões arbitrais. Tem por finalidade o aniquilamento do caso julgado, delimitando-se pelos seus fundamentos, que se distinguem entre *errores in procedendo* e *errores in iudicando* – V. LEBRE DE FREITAS E O., obra cit., pág. 193-196. Sob pena de esvaziamento da regra de ressalva do caso julgado, a lei não pode prever, em geral, como fundamento do recurso de revisão, a declaração de inconstitucionalidade da lei aplicada em sentença transitada em julgado. Não sendo possível incluir no artigo 771º do CPC, a inconstitucionalidade da sentença, PAULO OTERO, obra cit., pág. 121 e RUI MEDEIROS, *"A Decisão de Inconstitucionalidade ..."*, pág. 618, admitem a possibilidade de interposição de um recurso extraordinário atípico das decisões judiciais directa e imediatamente inconstitucionais.

[81] Que relevará para o pressuposto da prévia revogação.

PRESSUPOSTOS MATERIAIS DO DEVER DE INDEMNIZAR

se foi aplicada norma clara, precisa e inequívoca[82], reiterada e abundantemente analisada pela doutrina e aplicada pela jurisprudência ou, antes, pelo contrário, norma recente no ordenamento jurídico, em que inexiste jurisprudência consolidada ou uniforme dos tribunais superiores, sem significativos contributos doutrinários.

No âmbito do erro manifesto devem caber as situações em que o erro de direito é indesculpável, aquele em que não é de conceder, de modo algum, que a solução encontrada se possa apoiar na interpretação da lei, assim como as situações de aplicação de lei revogada[83] ou de lei inaplicável, por ser totalmente estranha à situação jurídica em causa, quando seja evidente que a decisão é contrária à Constituição e à lei e desconforme ao Direito. Não deverão caber nesse conceito as interpretações *possíveis* ou *plausíveis* da lei, nem a utilização dos vários institutos legais com conexão para o caso, já que essa actividade se incluirá na liberdade de julgamento. Embora na nossa ordem jurídica os tribunais não estejam vinculados a uma interpretação anterior, podendo desviar-

---

[82] No Acórdão *Traghetti*, 13/06/2006, caso C-173/03, a propósito da responsabilidade pela função jurisdicional por violação do direito comunitário, considerou-se relevante "um conjunto de critérios, tais como o grau de clareza e de precisão da norma violada, o carácter intencional da violação, o carácter desculpável ou não do erro de direito ou o não cumprimento pelo órgão jurisdicional em causa, a sua obrigação de reenvio prejudicial por força do artigo 234º, terceiro parágrafo, CE, e presume-se, em qualquer caso, quando a decisão em causa for tomada violando manifestamente a jurisprudência do Tribunal de Justiça na matéria." (§ 43).

[83] No caso de aplicação de lei revogada, deve entender-se *em princípio*, afastando-se *in limine* que tal erro seja *manifesto* em todas as situações, o que se deve à *proliferação* legislativa que caracteriza o poder legislativo da actualidade e à *dispersão* normativa sobre a mesma realidade jurídica, que obriga a tarefas exaustivas de averiguar qual o diploma legislativo que em cada caso releva e que se encontra em vigor. São frequentes as situações de revogação *parcelar*, como ocorre, a título de exemplo, no Decreto-Lei nº 18/2008, de 29 de Janeiro, que aprova o Código dos Contratos Públicos, ao prever no seu artigo 14º, alínea f), a revogação parcelar do Decreto-Lei nº 197/99, de 08 de Junho, a que acresce a própria dificuldade hermenêutica em apurar se determinado regime se encontra em vigor, por revogação *implícita* de diploma legislativo posterior ou de grau hierárquico superior, como resulta dos estudos de VAZ SERRA, *in* RLJ, Ano 110º (1977-1978), nº 3605, pág. 322-323 e de JOÃO CARLOS VIEIRA DE ANDRADE, "*Panorama geral do Direito da Responsabilidade «Civil» da Administração Pública em Portugal*", *in* "*La responsabilidad patrimonial de los poderes públicos*", Madrid, 1999, pág. 52, os quais se interrogaram se com a entrada em vigor da Constituição de 1976, se manteria ainda em vigor o Decreto-Lei nº 48051, de 21 de Novembro de 1967.

-se dela quando, perante as circunstâncias do caso, mediante um juízo de convicção, exista melhor interpretação[84], deve o conceito ou preposição jurídica ser interpretada não apenas para aquele caso concreto mas de modo a que essa interpretação possa ser efectiva para todos os casos similares, pelo que, seguindo as palavras do legislador, deve o julgador ter "em consideração todos os casos que mereçam tratamento análogo, a fim de obter uma interpretação e aplicação uniformes do direito." (nº 3 do artigo 8º do C.C.). Por outro lado, como salienta KARL LARENZ, não existe "uma interpretação «absolutamente correcta», no sentido de que seja tanto definitiva, como válida para todas as épocas"[85], devendo entender-se a sua *correcção*, não como "uma verdade intemporal, mas correcção para esta ordem jurídica e para este momento"[86].

Assim, para efeitos de responsabilidade civil por erro judiciário, releva apenas o erro *manifesto*[87] ou *grosseiro*, extraído do juízo relativo à relevância jurídica do dano, de proporcionalidade e de repartição dos custos e encargos com o sistema de justiça (o *dano indemnizável*[88]), sem prejuízo da relevância de *qualquer* erro para efeitos de revogação da decisão danosa.

---

[84] Para CARLOS CADILHA, *in "Regime da Responsabilidade Civil..."*, pág. 210, não é juridicamente relevante, para efeitos indemnizatórios "a decisão que venha a ser revogada por virtude de uma inflexão da jurisprudência nos tribunais superiores ou na sequência de um recurso que se destine a resolver um conflito jurisprudencial".

[85] Obra cit., pág. 443-444.

[86] O que permite compreender a resposta negativa dada à relevância da inversão jurisprudencial para efeitos de indemnização por responsabilidade civil por erro judiciário.

[87] Segundo o Acórdão do STJ, 20 de Outubro de 2005, proc. 05B2490, a decisão é manifestamente ilegal quando o "juiz normal exigivelmente preparado e cuidadoso não teria julgado pela forma a que se tiver chegado, sendo esta inadmissível e fora dos cânones minimamente aceitáveis".

[88] O dano é imprescindível para que surja a obrigação de indemnizar. Pode ser um dano emergente ou um lucro cessante e assumir natureza patrimonial ou não patrimonial, conquanto seja efectivo, avaliável economicamente e individualizado. Suscita-se nesta matéria a questão de saber se podem ressarcir-se os danos causados por decisões judiciais atentatórias do direito à honra, à intimidade ou à imagem, como no caso de utilização na decisão judicial de expressões que sejam difamatórias ou afectem a intimidade das pessoas, quando tais expressões não estão justificadas ou não são necessárias para fundamentar a sentença – a este respeito, cfr. DE ÁNGEL YÁGUES, *"Tratado de responsabilidad civil"*, Civitas, Madrid, pág. 499.

De resto, apenas será relevante o erro que permita estabelecer o *nexo causal* entre a acção ou a omissão com o dano produzido, pelo que, ocorrendo um erro ainda que *manifesto* e *grosseiro* e *indemnizável*, se o mesmo não for a causa adequada[89] do dano ou se este não for juridicamente relevante[90], será de excluir a responsabilidade civil por erro judiciário, por falta dos respectivos pressupostos gerais da responsabilidade civil.

---

[89] Não serão de excluir possíveis causas de interrupção do nexo causal por confluência de determinados factores, como por caso fortuito ou motivo de força maior, a conduta das partes, do próprio lesado ou devido a intervenção de um terceiro ou, inclusivamente, pela interferência de decisões de outros juízes e de outros tribunais. As situações de caso fortuito ou de força maior tenderão, contudo, a adoptar maior relevância nas situações de responsabilidade civil pelo exercício da função judicial por dilações indevidas, originadas por sobrecarga de trabalho sobre o juiz, nos termos do artigo 12º do RRCEE.

[90] A concepção clássica sobre a função da responsabilidade civil radica na reparação dos danos causados e não em fins sancionatórios (artigos 483º, n.º 1 e 562º do C.C., entre outros e Acórdão do STJ, de 07 de Junho de 2000, processo n. 117/2000). Assim, dada a sua função essencialmente reparadora ou reintegrativa, o instituto da responsabilidade civil está sempre submetido aos limites da eliminação do dano, o que significa que, inexistindo este, inexiste obrigação de indemnizar (artigo 483º do C.C.). Nunca pode haver condenação, quando não se provar a existência do dano invocado pelo autor do respectivo pedido – neste sentido, cfr. o Acórdão do STJ de 12 de Janeiro de 2000, processo n.º 1146/1999.

4.
Do pressuposto processual
da prévia revogação da decisão jurisdicional

Para que o erro cometido no exercício da função jurisdicional fundamente o direito à reparação do lesado, tem o mesmo de ser reconhecido por decisão judicial transitada em julgado, mediante a prévia revogação da decisão danosa. Tal pressuposto tem o significado de salvaguardar a autoridade da sentença e o instituto do caso julgado[91], por o juiz da

---

[91] Os fundamentos da força do caso julgado assentam, não tanto na presunção de que com ele foi estabelecida a solução mais justa e verdadeira, mas na necessidade de garantir aos particulares o mínimo de certeza do direito ou de segurança jurídica, V. ANTUNES VARELA, J. MIGUEL BEZERRA e SAMPAIO E NORA, "*Manual de Processo Civil*", Coimbra Editora, 2ª edição, 1985, pág. 705. A questão de saber se o princípio da imodificabilidade das decisões dos tribunais que sejam insusceptíveis de recurso ordinário tem guarida na Constituição tem sido abundantemente tratada pela jurisprudência constituional, a qual tem dito que "o princípio da intangibilidade tendencial do caso julgado, se bem que admita, como qualquer outro, limitações ou compressões, detém uma inquestionável tutela constitucional, por razões decorrentes do princípio do Estado de Direito (artigo 2º da CRP).". Como se refere no Acórdão do Tribunal Constitucional nº 310/2005 (disponível em www.tribunal-constitucional.pt), que apresenta uma síntese de todo o lastro jurisprudencial anterior: "Sem o caso julgado material estaríamos caídos numa situação de instabilidade jurídica (instabilidade das relações jurídicas) verdadeiramente desastrosa – fonte perene de injustiças e paralisadora de todas as iniciativas. Seria intolerável que cada um nem ao menos pudesse confiar nos direitos que uma sentença lhe reconheceu; que nem sequer a estes bens pudesse chamar seus, nesta base organizando os seus planos de vida; que tivesse constantemente que defendê-los em juízo contra reiteradas investidas da outra parte, e para mais com a possibilidade de nalguns dos novos processos eles lhe serem negados pela nova

acção de responsabilidade não se pronunciar sobre a legalidade ou bondade *intrínseca* da decisão jurisdicional revogada, objecto da instância de recurso da decisão danosa, deixando-a intacta, *tal quale*.

Delimitadas as situações de responsabilidade por erro judiciário às situações de erro material em que incorra a decisão judicial, excluídas as situações de violação do direito a uma decisão em prazo razoável, ocorre, por opção do legislador, a necessidade de compatibilizar os institutos da responsabilidade civil com a segurança e certeza jurídica do caso julgado, preservando a paz social e impedindo a reabertura de conflitos antigos, que determinem a perda de segurança no sistema judicial.

Por prévia *revogação* da decisão jurisdicional deve entender-se a decisão que anteriormente tenha sido revogada através de recurso ou alterada por qualquer modo.

Para este efeito, por *recurso* deve entender-se todas as formas legalmente admissíveis de suscitar a reapreciação da decisão jurisdicional, seja em que instância for, isto é, no mesmo tribunal que proferiu a decisão ou em tribunal superior, cabendo não apenas o recurso ordinário, como todos os previstos no ordenamento jurídico e que possam conduzir à revogação, rectificação ou alteração da decisão jurisdicional danosa proferida.

Merece ser questionado se não tendo sido interposto recurso da decisão jurisdicional danosa e tendo já sido excedido o prazo legal previsto para o recurso, pode o lesado intentar acção judicial autónoma destinada a suscitar, a título principal ou incidental, a sua reapreciação judicial.

Não dando o RRCEE resposta a esta questão, a mesma decorrerá do regime *processual* concretamente aplicável, devendo entender-se no sentido da utilização possível das formas legais previstas no ordena-

---

sentença." (Manual de Andrade, Noções Elementares de Processo Civil, nova edição revista e actualizada pelo Dr. Herculano Esteves, Coimbra, pág. 306). Embora não seja um princípio intangível e absoluto, o caso julgado traduz um dos aspectos distintivos das funções jurisdicional e legislativa, por o acto legislativo poder ser sempre modificado, suspenso ou revogado e a sentença, depois de proferida, não poder ser modificada, estabilizando-se, em princípio, definitivamente na ordem jurídica, esgotado o recurso – *vide* ISABEL ALEXANDRE, "*O caso julgado na jurisprudência constitucional portuguesa*", *in* "Estudos em Homenagem ao Conselheiro José Manuel Cardoso da Costa", Coimbra Editora, 2003, pág. 37.

mento jurídico. No actual regime, em respeito do princípio da tipicidade das formas processuais, não existe a possibilidade de instauração de uma acção destinada a reapreciar uma decisão jurisdicional danosa, pois doutro modo seria admitir que o ordenamento jurídico prevê uma duplicidade de meios processuais para a mesma finalidade, em desvirtuamento do regime legal do recurso.

Por outro lado, exigindo a letra da lei que exista a *prévia* revogação da decisão jurisdicional, pressupõe-se que a revogação da decisão jurisdicional, a obter, por via de regra, em via de recurso, não seja *contemporânea* da acção de indemnização, nem ocorra no âmbito da mesma lide processual.

Porém, não é de excluir que ambas as pretensões possam ser *cumuladas* na mesma instância, quando esteja em causa um recurso de revisão de sentença, o que se encontra previsto no ordenamento jurídico para os processos que corram termos na jurisdição administrativa, nos termos do disposto do nº 2 do artigo 154º do CPTA e ainda quando se trate de sentença proferida por tribunal criminal, segundo o disposto no artigo 462º do CPP.

Assim, embora o artigo 154º nº 1 do CPTA preveja que o processo de revisão de decisão jurisdicional proferida pelo tribunal administrativo siga o regime previsto no Código de Processo Civil, o qual é subsidiariamente aplicável, estabelece o seu nº 2, em especial, a possibilidade de no seu âmbito se cumular o pedido de indemnização pelos danos sofridos, permitindo, desse modo, o accionamento da responsabilidade civil do Estado por erro judiciário no processo de revisão de sentença.

Quanto aos fundamentos para requerer a revisão de sentença administrativa transitada em julgado, estabelece o artigo 155º nº 1 do CPTA uma remissão para os fundamentos previstos no Código de Processo Civil, embora também aqui se encontre uma especialidade em relação ao previsto no CPC, ao consagrar-se, no seu nº 2, um alargamento da legitimidade activa para requerer a revisão de sentença, com consequências ao nível dos próprios fundamentos do recurso de revisão. Com efeito, ao prever-se no direito processual administrativo que quem devesse, obrigatoriamente, ter sido citado no processo e não o tenha sido e quem não teve a oportunidade de participar no processo, tenha sofrido ou esteja em vias de sofrer a execução da decisão a rever, tenha legitimidade activa para requerer a revisão de sentença e não só as próprias partes do processo e o Ministério Público, concede-se igualmente um novo fundamento do recurso, isto é, a par da situação de revelia, também a situação em que exista a susceptibilidade de lesão da posição jurídica de terceiros.

Para o legislador do RRCEE, a prévia revogação da decisão danosa constitui um pressuposto da acção de responsabilidade, o que tem o significado de já ter sido reconhecido o erro pelo sistema de justiça, ainda que, porventura, não haja sido qualificado de manifesto ou de grosseiro pelo tribunal, em regra, pela instância de recurso. A não ser assim, ocorreria como efeito colateral – senão vedado, pelo menos, indesejável para o sistema judicial –, a derrogação da estrutura hierárquica judicial, permitindo-se ao tribunal onde a acção de responsabilidade deverá ser instaurada, poder sindicar a legalidade de uma decisão de outro Tribunal, de hierarquia igual ou superior. Donde, à questão sobre o efeito da decisão revogatória na acção de responsabilidade a intentar contra o Estado, atento o instituto de caso julgado, deve responder-se no sentido da consagração de um regime que preserva o caso julgado formado na instância revogatória da decisão danosa, o qual não pode ser abalado no âmbito da acção de responsabilidade posterior. A opção seguida revela a confiança do legislador no sistema de recursos e de reapreciação da decisão jurisdicional para eliminar o erro cometido no exercício da função jurisdicional, pois se este ainda subsistir com o recurso ordinário, haverão ainda, para certos casos, os recursos extraordinários.

Merece ser questionado se, para efeitos do preenchimento do pressuposto legal da prévia *revogação*, é exigível a revogação integral da decisão e se a ela equivalerão as seguintes situações: *a)* de atenuação da decisão condenatória ou da medida aplicada[92], *b)* de revogação parcial[93], *c)* de alteração da providência cautelar[94], *d)* de revogação da decisão de *mérito* por uma decisão de *forma* e vice-versa, de revogação da decisão de *forma*,

---

[92] Relevante na condenação ao pagamento de quantias monetárias e quando sejam aplicadas medidas em número de dias, como no caso da sanção pecuniária compulsória.

[93] Tal acontecerá na cumulação *real* de pedidos, em que pode ser revogada a decisão quanto a um dos pedidos, como acontecerá na situação de cumular-se na acção impugnatória de acto administrativo, o pedido de condenação fundado em responsabilidade civil extracontratual do Estado.

[94] Por a providência cautelar primitivamente aplicada ser alterada quanto à sua natureza.

DO PRESSUPOSTO PROCESSUAL DA PRÉVIA REVOGAÇÃO DA DECISÃO JURISDICIONAL

por uma decisão de *mérito*[95], *e)* de levantamento/caducidade de providência cautelar[96], por ser regulada de modo diferente a situação jurídica em causa, por decisão definitiva.

Na situação prevista em *a)*, inclinamo-nos a sufragar o sentido apontado nos artigos 449º e 461º do CPP, apenas relevando a decisão que revogue na íntegra a decisão anterior (absolvição total) e não aquela que *atenue* a condenação ou medida aplicada, por nessa situação ainda se manterem os fundamentos que ditaram a primitiva decisão judicial; na situação contemplada em *b)*, tratando-se de cumulação real de pedidos, cada pedido assume autonomia jurídica, permitindo a prolação de várias decisões judiciais, que, sendo autónomas entre si, têm em comum o facto de serem proferidas na mesma lide, relevando a revogação de cada decisão; a resposta à situação em *c)* dependerá das circunstâncias do caso concreto, já que importará apurar se essa alteração tem por base os mesmos pressupostos de facto e de direito ou é fundada na alteração das circunstâncias inicialmente existentes, diferindo a resposta num e noutro caso; as situações descritas em *d)* traduzem verdadeiras revogações da anterior decisão judicial, preenchendo o pressuposto processual em análise; e, por último, quanto à situação prevista em *e)*, a lei processual imputa responsabilidades ao requerente da providência, por não ter usado de prudência normal (artigo 390º do CPC) e por ter agido com dolo ou negligência grosseira (artigo 126º do CPTA), que, quando se preencham os respectivos pressupostos, afastam a responsabilidade civil do Estado.

Centrando a análise na questão essencial da efectividade da responsabilidade por erro judiciário, questiona-se se é justificável ou sequer razoável a exigência deste pressuposto[97].

---

[95] Pronunciando-se sobre o caso julgado *material* e o caso julgado *formal*, no sentido de "dentro do processo, uma decisão transitada em julgado sobre uma questão processual não deixa de constituir uma resolução judicial" e que o caso julgado formal não deixa "de ser expressão dos valores de segurança e certeza", cfr. RUI MEDEIROS, "*A decisão de Inconstitucionalidade – Os Autores, o Conteúdo e os Efeitos da Decisão de Inconstitucionalidade da Lei*", Universidade Católica Editora, 1999", pág. 557.

[96] Situação próxima consiste a de medida aplicada no âmbito de processo de jurisdição voluntária.

[97] No direito comparado o pressuposto da prévia revogação não foi seguido em todos os ordenamentos, aí considerando-se que o erro, para ser relevante, tem de ser insuscepti-

Sendo inquestionável o constrangimento que esse pressuposto pode acarretar no imperativo de responsabilização civil do Estado, estabelecido pelo TJUE e no princípio geral consagrado no artigo 22º da Constituição, por se traduzir num seu limite, importa ter presente que: *1)* o TJUE alheia-se da subsistência da decisão jurisdicional lesiva, considerando-a matéria da autonomia processual dos Estados, embora limitada pelo princípio da efectividade e *2)* que o princípio da solidariedade não vai ao ponto de destruir um caso julgado por ofensa ao Direito da União Europeia[98]. Considerando esses motivos e ainda, *3)* por razões de objectividade, *4)* de segurança e de certeza jurídica, *5)* pelo critério juridicamente claudicante, da "séria probabilidade" de existir erro judiciário[99] e *6)* perante o actual regime processual de recursos e de reapreciação da decisão jurisdicional, entendemos como justificada a solução acolhida pelo legislador, considerando-a compatível com o direito europeu, *maxime*, com o princípio da efectividade[100].

---

vel de sanação através dos recursos legalmente previstos, não resultando o erro judiciário da mera revogação de uma decisão judicial, mas de ter sido aplicada aos factos, indevidamente, uma disposição legal inaplicável ou com uma interpretação viciada.

[98] V. Ac. *Kapferer*, de 16 de Janeiro de 2006, caso C-234/04.

[99] Para GUILHERME FONSECA, obra cit., pág. 56, teria sido melhor prever como pressuposto processual, a "exigência de uma séria probabilidade da existência de erro judiciário", por a norma do artigo 13º, nº 2 poder "brigar com o princípio da judicialidade consagrado no artº 20º da Constituição, conjugado com o direito à reparação dos danos que assiste a todos os cidadãos", o que não nos parece ser de acolher atenta a dificuldade em definir tal conceito, tal modo impreciso, por isso, por razões de objectividade e de segurança e de certeza jurídica.

[100] Vejam-se, no entanto, as *objecções* de M. JOSÉ MESQUITA, *"O Regime da Responsabilidade civil..."*, pág. 29 e 54 e *"Irresponsabilidade do Estado-Juiz..."*, pág. 43, no sentido da exigência da prévia revogação da decisão jurisdicional danosa ser desconforme com o Direito da União Europeia, as quais, contudo, não nos parecem traduzirem verdadeiros motivos de incumprimento, porque, além do mais: *i)* embora a nova redacção do artigo 771º do CPC, não se aplique a processos pendentes em 01 de Janeiro de 2008, o próprio RRCEE só entrou em vigor depois dessa data e *ii)* não é rigoroso que o processo das questões prejudiciais seja um meio processual que os particulares não têm acesso, porque podem requerer ou suscitar a questão prejudicial junto da instância nacional, sendo a decisão do tribunal tomada em função da concreta e fundada alegação da parte.

Questão diferente é a da prevalência das normas comunitárias sobre as normas legais contrárias, que "não se compadece com soluções que façam depender a aplicação das regras comunitárias «da prévia revogação das normas internas ou da sua declaração de inconstitucionalidade»", RUI MEDEIROS, *"A Decisão..."*, pág. 58.

Para este efeito, mostra-se relevante a lei *processual,* que tem a virtualidade de, em certa medida, corrigir o erro da decisão jurisdicional viciada, seja quando a mesma é irrecorrível, seja quando é proferida em última instância.

Vejamos, de *per si,* cada situação.

Pode ocorrer que a decisão jurisdicional não seja susceptível de recurso, porque é irrecorrível[101] ou porque o valor da alçada ou da sucumbência não o permitem[102], pelo que, admitindo-se que se encontre enfermada de erro manifesto ou grosseiro, o pressuposto da prévia revogação tem como consequência, em princípio, vedar o accionamento da responsabilidade civil do Estado por erro judiciário. Nesse caso, podendo existir uma decisão danosa, enfermada de erro que satisfaça os pressupostos materiais do regime da responsabilidade civil fundada em erro judiciário, não só a mesma perdurará na ordem jurídica, como o lesado não pode ser desse facto ressarcido, questionando-se se neste caso não existirá um deficit na efectividade no regime legal estabelecido.

Esta questão merece-nos resposta negativa, não traduzindo o pressuposto da prévia revogação da decisão jurisdicional danosa uma deficiência de tutela ressarcitória do lesado, o que se deve à seguinte ordem de razões.

Primo porque não basta ao lesado invocar que existe uma decisão jurisdicional lesiva, para que a mesma se encontre efectivamente enfermada de erro, sendo necessário que o tribunal assim o conclua e, nesse caso, que o erro seja qualificado de manifesto ou grosseiro pelo juiz.

Secundo porque, verificando-se que essa decisão não é susceptível de recurso, isso tem o significado para o ordenamento jurídico da sua diminuta relevância jurídica. É sabido que a ordem jurídica hierarquiza direitos e interesses, pois nem todos assumem o mesmo grau de tutela[103], pelo que, se a resposta do sistema de justiça se traduz na insusceptibilidade

---

[101] V. o artigo 131º, nº 5 do CPTA.

[102] V. o artigo 678º do CPC.

[103] Embora a ordem jurídica não legitime um regime de responsabilidade diferente entre direitos e interesses legalmente protegidos (artigos 18º, nº 2 *in fine,* 20º e 271º, nº 1), concede o artigo 22º da Constituição a distinção entre direitos, liberdades e garantias e outros direitos e interesses legalmente protegidos. Essa distinção é assumida *inter alia* nos meios processuais, como decorre do artigo 109º do CPTA, referente à *"Intimação para protecção de direitos, liberdades e garantias".*

de recurso, significa que o bem ou direito em causa não é *juridicamente* relevante, em face da ordem de valores estabelecida. A irrecorribilidade da decisão jurisdicional tem o efeito de preservar o efeito material positivo do caso julgado e da presunção de verdade, pelo que, enfermada ou não de erro, a decisão manter-se-á na ordem jurídica, dada a sua insuficiente relevância[104].

Tertio, é relevante a possibilidade actualmente concedida pelo artigo 669º, nº 2 do CPC, a qualquer das partes[105], de requerer a *reforma* da sentença em situação de irrecorribilidade da decisão, fundada em "manifesto lapso do juiz", no "erro na determinação da norma aplicável ou na qualificação jurídica dos factos" e quando "constem do processo documentos ou outro meio de prova plena que, só por si, impliquem necessariamente decisão diversa da proferida". Nos termos do aludido preceito, concede-se a possibilidade ao juiz de *reparar* o erro da decisão jurisdicional que não seria susceptível de recurso, numa compatibilização dos dois principais interesses em presença, o da justiça material e o da segurança jurídica, neste caso, com claro predomínio do valor da *justiça*, por se traduzir numa derrogação à regra do esgotamento do poder judicial proferida a sentença[106].

Quarto porque esta será uma via de responsabilização do lesado pela inércia em promover a reapreciação da decisão jurisdicional, mantendo-se a situação de dano. A actuação dos diversos intervenientes processuais, incluindo a do próprio lesado, se pode contribuir para a *produção* do dano, pode igualmente determinar a sua *manutenção*, o que ocorrerá

---

[104] Tal questão não é nova, relaciona-se com o princípio do duplo grau de jurisdição, abundantemente tratado pela doutrina e pela jurisprudência, incluindo do Tribunal Constitucional, que tem entendido que o direito de acesso aos tribunais não garante, necessariamente e em todos os casos, o direito a um duplo grau de jurisdição, por não ser um direito fundamental – cfr., entre outros, os Acórdãos do TC nºs. 6413, datado de 10 de Julho de 1996, 7569, de 17 de Abril de 1997, 8107, de 05 de Fevereiro de 1998 e 8218, de 04 de Março de 1998.

[105] Pode questionar-se se não é *excessivo* conceder a *qualquer das partes*, mesmo à parte que tenha obtido ganho de causa, requerer a reforma da sentença, mas perante o quadro dos interesses em causa, sendo a finalidade primacial a de evitar que se perpetue o vício da decisão e podendo ocorrer que o erro aproveite à contraparte, mostra-se justificada a opção do alargamento da legitimidade.

[106] Perante a actual redacção do artigo 669º, nº 2 do CPC, é de questionar qual a exacta delimitação entre os nºs 1 e 2 do artigo 666º, do mesmo Código.

na falta de interposição de recurso/reparação do erro, no prazo legal fixado para o efeito.

Em suma, faltando o pressuposto processual da prévia revogação da decisão jurisdicional, por impossibilidade de interposição de recurso, isso traduz uma opção feita *a priori* pela ordem jurídica, *directamente* decorrente do sistema vigente de recursos e por razões de segurança jurídica, e não do RRCEE, admitindo-se amplamente a possibilidade de reparação do erro judiciário em caso de irrecorribilidade da decisão, o que para efeitos indemnizatórios, deverá equivaler à prévia revogação da decisão danosa.

Questão conexa com a falta de grau de jurisdição que possibilite a revogação da decisão judicial danosa, consiste a do erro judiciário cometido pela última instância judiciária, em que se questiona se estará vedado ao lesado suscitar a reapreciação jurisdicional da decisão.

Analisando esta situação, o TJUE, no Ac. *Köbler*[107], considerou que há responsabilidade do Estado por violação do direito comunitário, no exercício da função jurisdicional, quando o incumprimento resulte, no caso *excepcional*, de uma decisão de um órgão que decide em último grau, conquanto haja violação *manifesta* do direito comunitário aplicável. Nesta situação alguma doutrina[108] entende que não é aplicável o requisito da prévia revogação da decisão danosa para efeitos de efectivação do direito de indemnização, por o incumprimento ser directamente imputável a um tribunal que decidiu em última instância, inviabilizando a verificação do pressuposto processual previsto, mas temos algumas reservas quanto a este entendimento.

1) Embora o erro seja cometido pela última instância, ao admitir-se a acção de responsabilidade por erro judiciário sem o requisito da prévia revogação da decisão jurisdicional, implica conceder que um tribunal de primeira instância, na acção de responsabilidade, se vá pronunciar sobre tal erro, em total inversão da ordem jurisdicional vigente, assente no princípio da *segurança* jurídica.

---

[107] Caso C-224/01, 30 de Setembro de 2003, incidindo sobre o desrespeito da obrigação de reenvio, onde é feita a ponderação dos interesses da exigência da certeza do direito, da autoridade de caso julgado, do princípio da independência do poder judicial e da sua autoridade no quadro da ordem jurídica interna.

[108] CARLOS CADILHA, *"Regime da Responsabilidade Civil Extracontratual..."*, Coimbra Editora, 2008, pág. 214 e C. AMADO GOMES, *in "O Livro das Ilusões:..."*, pág. 209.

2) Por outro lado, o disposto no nº 2 do artigo 669º do CPC permite ao próprio Tribunal, funcionando em subsecção ou em Pleno, oficiosamente ou a requerimento, suprir erros materiais e de julgamento, abrindo portas à correcção do erro de julgamento na mesma (última) instância, pelo que, actualmente a limitação decorrente de se tratar da última instância não mais constitui obstáculo ao valor da *justiça*. Nesta situação, à semelhança do ónus de interposição de recurso, deve impor-se ao lesado o ónus de requerer a supressão do erro de julgamento.

3) É ainda de conceder que da decisão da última instância seja interposto recurso para o Tribunal Constitucional[109], o qual, concedendo-lhe provimento, mediante formulação do juízo sobre a questão de constitucionalidade, determina que voltem os autos a esse tribunal para que reforme ou mande reformar a decisão recorrida, permitindo que se dê por verificado o pressuposto previsto no nº 2 do artigo 13º do RRCEE, aqui entendido como reapreciação da decisão danosa.

4) Por último, em sede de acção por incumprimento, o TJUE pode formar um juízo de desvalor da interpretação da norma europeia aplicada pelo juiz nacional, sendo o Estado condenado por violação do direito europeu por facto da função jurisdicional, o que poderá ser equiparado ao pressuposto processual da prévia revogação da decisão[110].

Donde, em face das razões antecedentes, não se vislumbram motivos para conceder tratamento distinto ao erro judiciário cometido em última instância, em relação ao regime legal traçado pelo legislador para

---

[109] Embora a apreciação de erros de julgamento ou a errada apreciação da matéria de facto, não constituam questões de constitucionalidade.

[110] Com M. LUÍSA DUARTE, *"A Cidadania da União e a Responsabilidade dos Estados por violação do Direito Comunitário"*, Lex, 1994, pág. 74, para o TJUE o juiz nacional deve interpretar o direito nacional conforme às directivas, o que equivale praticamente a uma projecção na esfera jurídica dos cidadãos idêntica àquela que resultaria do seu efeito directo horizontal, constituindo uma fonte de direitos, que pode levar à desaplicação da norma nacional e fundamentar o direito à reparação pecuniária. Visando a efectividade do direito comunitário, o TJUE enfatiza o papel do juiz nacional, como pedra essencial do sistema jurisdicional de protecção dos direitos e interesses dos cidadãos, compensando a inércia ou insuficiência do decisor político.

as demais instâncias por, mesmo nesse caso, não estar vedada a possibilidade de se obter a prévia revogação da decisão danosa.

Sobre a relevância do recurso de revisão para efeito de aplicação do regime de responsabilidade por erro judiciário, entende CARLOS CADILHA[111] que o mesmo não tem aplicação, por ter por fundamento um facto superveniente que, por essa razão, não foi tido em conta na decisão jurisdicional. Para nós, percorrendo as várias alíneas do artigo 771º do CPC, não é de excluir, nas situações previstas nas alíneas d) e e), que não haja uma actuação ilícita do juiz, seja pela admissão da confissão quando a mesma não era admissível (artigos 359º e 364º, nº 2, do C.C.), seja por nulidade ou falta de citação, que o juiz, nos termos do artigo 483º do CPC, tem o dever de verificar. Além disso, a alínea f) do artigo 771º do CPC tem a aptidão, em princípio, de corrigir o erro jurisdicional apurado em decisão de instância internacional, *maxime*, o erro por violação do direito europeu. Não distinguindo o legislador do CPC a *instância internacional*, apenas exigindo a sua *vinculatividade* para o Estado português, deve entender-se que a alínea f) do artigo 771º está pensada, quer para as decisões emanadas do TEDH, quer para as decisões do TJUE, permitindo-se, por essa via, a correcção do erro em que incorreu a decisão jurisdicional nacional. Assim, pelo menos nas situações descritas, não é de excluir que o recurso de revisão constitua um meio de obtenção de revogação da decisão jurisdicional danosa, relevante para efeitos de responsabilidade civil por erro judiciário.

Pelo contrário, já não releva para o efeito de obtenção da prévia revogação da decisão jurisdicional danosa, relevante para efeitos indemnizatórios por responsabilidade civil por erro judiciário, o recurso para uniformização de jurisprudência, o qual, obedecendo a outra finalidade, embora permita obter a revogação da decisão recorrida, não permite fundar o erro manifesto ou grosseiro, enquanto pressupostos integradores do requisito da ilicitude.

Em suma, quando não exista a prévia revogação da decisão jurisdicional danosa, seja porque dela não cabe recurso, seja porque o lesado não proveu a interposição de recurso ou a reapreciação judicial da decisão, não existe erro de julgamento que deva ser reparado no domínio da responsabilidade civil extracontratual por erro judiciário.

---

[111] Obra cit., pág. 219.

5.
Responsabilidade objectiva/subjectiva?

No confronto dos preceitos que regulam a responsabilidade civil por erro judiciário, é indiscutível a existência de uma dualidade de planos, entre a responsabilidade do Estado-juiz e a responsabilidade dos titulares do órgão que exercem a função jurisdicional, juízes e magistrados, importando aferir de que modo um e outros respondem. Se relativamente à responsabilidade pessoal dos magistrados, prevista no artigo 14º, não existem dúvidas em qualificá-la como *subjectiva*, por se encontrar dependente do nexo de imputação subjectivo do facto ao agente, ou seja, que tenham actuado com *culpa*, importa sublinhar nada se dizer no RRCEE sobre a natureza da responsabilidade do Estado. Deve, por isso, questionar-se se a responsabilidade por erro judiciário se efectivará de modo diferente consoante se trate da *pessoa colectiva* ou da *pessoa singular*, o que justifica a relevância no estabelecimento das fronteiras, entre a responsabilidade civil do Estado e a responsabilidade civil dos magistrados.

Sendo pressupostos materiais da responsabilidade por erro judiciário, o erro *manifesto* ou *grosseiro*, no que aponta para a *ilicitude*, questiona-se se a esse erro não é de associar a ideia de *culpa*, enquanto desempenho da função com diligência, zelo e competência manifestamente inferiores àqueles a que os magistrados estão obrigados no exercício das suas funções.

5.1. Responsabilidade civil do Estado-juiz

Atendendo a que as situações descritas no artigo 13º, nº 1 do RRCEE, têm subjacente a violação de um dever ou um erro de julgamento, isto é, a violação do dever de agir conforme ao Direito, é de reconduzir o erro judiciário aí previsto à *ilicitude*[112], limitando a responsabilidade do Estado pelos danos causados por erro judiciário aos actos jurisdicionais *ilícitos*.

Reconduzindo o erro judiciário às decisões jurisdicionais ilícitas, é de suscitar se pode o Estado ser responsabilizado por decisão *lícita*.

Mostrando-se incompreensível que uma parte das funções do Estado se encontre subtraída do princípio geral de responsabilidade civil, previsto no artigo 22º da Constituição, é duvidoso que as decisões jurisdicionais lícitas sejam capazes de gerar responsabilidade do Estado, não existindo indícios do legislador do RRCEE que nos aponte esse caminho. Por inadequação do regime previsto nos artigos 13º e 14º, assente na ilicitude, a admitir essa possibilidade seria nos termos da responsabilidade pelo *sacrifício*, prevista no artigo 16º, por imposição de encargos ou danos especiais e anormais, causados por razões de interesse público, sempre que o caso integre a previsão abstracta da lei, não cobrindo os danos considerados normais, próprios do risco da vida em sociedade.

No respeitante ao requisito da *culpa*, remetendo o artigo 12º, respeitante à responsabilidade pelos danos causados pela administração da justiça, designadamente por violação do direito a uma decisão judicial em prazo razoável, para o regime da responsabilidade por factos *ilícitos* no exercício da função administrativa, ressalvando expressamente o "disposto nos artigos seguintes", é de questionar se vale para a responsabilidade por erro judiciário, a presunção de culpa prevista no artigo 10º, nº 2, isto é, se também neste caso coloca a ordem jurídica como pressuposto da obrigação de reparar, a verificação de um facto ilícito e do nexo de imputação subjectivo do facto ao agente, a culpa. Isto porque, ao contrário do que se verifica em relação à responsabilidade pessoal

---

[112] A ilicitude para o *direito civil* consiste na violação do direito de outrem ou de qualquer disposição legal destinada a proteger interesses alheios, nos termos do artº 483º, nº 1 do Código Civil; no *direito administrativo* consideram-se ilícitas as acções ou omissões que violem disposições ou princípios constitucionais, legais e regulamentares ou infrinjam regras de ordem técnica ou deveres objectivos de cuidado e de que resulte a ofensa de direitos ou interesses legalmente protegidos, segundo o artigo 9º do RRCEE.

dos magistrados, cuja imputação depende claramente da verificação do pressuposto da culpa, não é clara a opção do legislador de fazer ou não depender a responsabilidade do Estado-juiz por erro judiciário, nos termos do artigo 13º, da verificação do requisito da culpa.

Atentas as regras legais de interpretação, o artigo 12º ao ressalvar "o disposto nos artigos seguintes", parece afastar a aplicabilidade do artigo 10º, nº 2 à responsabilidade por erro judiciário, que só existe preenchidos os pressupostos do artigo 13º. Considerando que o artigo 13º exige como pressupostos o erro *manifesto* ou *grosseiro* do juiz, é muito duvidoso que não faça assentar a responsabilidade do Estado, não só na imputação da *ilicitude* – que também existe quando o erro não é manifesto, nem grosseiro –, mas também da *culpa* do juiz, seu agente. É de associar o erro *grosseiro* e *manifesto* à culpa *grave*, não fazendo sentido falar, quer em presunção de culpa, quer em culpa leve, no caso de erro judiciário. Assim, ou é demonstrado o erro qualificado, nos termos do artigo 13º, caso em que também estará demonstrada a culpa grave do juiz, nos termos do artigo 14º ou, não sendo demonstrado esse erro, não há sequer responsabilidade do Estado. O Estado responde civilmente por facto ilícito culposo, no mínimo, por culpa grave, por a lei assentar a responsabilidade na demonstração da ilegalidade manifesta e do erro grosseiro, ou seja, da demonstração da culpa do juiz, pelo que, não existe responsabilização por erro judiciário fundada em culpa leve.

Que dizer deste regime?

Não se questionando que o juiz só responda em situação de dolo ou culpa grave, nos termos do artigo 14º, como ocorre na responsabilidade civil pelo exercício da função administrativa, em relação aos agentes administrativos, os quais não respondem por culpa leve, é de questionar se o Estado deveria responder por todo o erro judiciário, mesmo o mais leve ou isento de culpa[113]. Isto é, a responsabilidade civil do Estado deve ficar dependente da demonstração da culpa (grave) do juiz ou, pelo contrário, poderá falar-se em objectivização da culpa, aligeirando o carácter restritivo ou *excepcional* – como é expressamente qualificada pela jurisprudência europeia –, da responsabilidade civil do Estado por erro judiciário?

---

[113] A presunção de culpa não equivalendo a um dever objectivo de indemnizar, determina um agravamento da posição processual onerada com a presunção, neste caso, do Estado.

Como elementos a considerar, tendo em vista a solução equilibrada do sistema jurídico, importa ter presente: *i)* que do artigo 22º da Constituição, para efeitos de responsabilidade civil do Estado, não decorre a exigência, quer da *ilicitude*, quer da *culpa*[114], *ii)* a evolução normativa, com o contributo da jurisprudência e da doutrina, da extensão da responsabilidade objectiva, mesmo no campo da "tradicional responsabilidade subjectiva", atenta "a *ampliação do conceito de ilicitude*" e "o *predomínio da ideia de ilicitude sobre a culpa* ou a *objectivização da culpa.*"[115], também designada de "*socialização da responsabilidade*"[116] (decorrente, de entre o mais, da consagração de presunções de culpa, da inversão do ónus da prova, da substituição da causalidade necessária pela causalidade adequada, etc) e *iii)* a influência decorrente da integração de Portugal na União Europeia.

Não obstante serem os artigos 12º a 14º do RRCEE omissos quanto ao direito da União Europeia, é uma realidade que tal direito não só integra o direito nacional, como prevalece sobre este, atento o *princípio do primado*[117], sendo relevante, nesta matéria, tal como noutros domínios, conhecer a jurisprudência do TJUE. Segundo essa jurisprudência, na matriz normativa da responsabilidade dos Estados-membros por violação do direito da União Europeia, cada Estado deve isentar-se de criar limitações que dificultem excessivamente ou impeçam o ressarcimento dos cidadãos pelos prejuízos causados no exercício das suas diversas funções, como se traduziria o regime que dificultasse a prova da culpa do Estado. Por outro lado, de acordo com o TJUE, só existe responsabilização dos Estados-membros pelo exercício da função judicial, a título *excepcional*, por erro *manifesto*.

Tendo presente que o estabelecimento de um regime de responsabilidade objectiva do Estado-juiz será mais favorável aos cidadãos, o que

---

[114] O que reflecte o entendimento maioritário da doutrina.

[115] VIEIRA DE ANDRADE, *"Panorama ..."*, pág. 45.

[116] J. AVEIRO PEREIRA, obra cit., pág. 236.

[117] O princípio do primado vincula todos os órgãos do Estado, incluindo os órgãos judiciais. "Dependendo do tipo de norma comunitária e da extensão da sua previsão normativa, a actuação específica dos poderes internos pode exigir o exercício da função legislativa, traduzir-se na aplicação pelas autoridades administrativas e, potencialmente, em qualquer caso, invocar a competência própria dos tribunais nacionais de interpretação e aplicação das normas", V. M. LUÍSA DUARTE, obra cit., pág. 56.

RESPONSABILIDADE OBJECTIVA/SUBJECTIVA?

o direito da União Europeia não impede, não parece ser de admitir um regime que desconsidere a demonstração da culpa, qualificando como *objectiva* a responsabilidade do Estado[118] ou que deva valer uma *presunção* de culpa leve, o que se deve ao regime de responsabilidade por erro judiciário, previsto no RRCEE e decorrente da construção jurisprudencial do TJUE, assentar no erro *manifesto*. Fundando-se a responsabilidade no erro *manifesto*, tal ressoa a ilicitude *subjectiva*, não parecendo curial prescindir do juízo de censura ínsito no requisito da culpa. Não só a construção do regime, europeu e nacional, assim o aponta, como essa é uma forma de evitar a banalização da responsabilidade civil por erro judiciário, em consonância com as especificidades próprias da função/ /poder judicial, decorrentes, *maxime,* da independência e liberdade decisórias, evitando que o Estado responda pelo pequeno erro, cometido com culpa leve, apurado no âmbito na decisão revogatória.

Sendo discutível a opção do legislador do ponto de vista do imperativo de justiça, por não proteger o lesado do pequeno erro, não deve toda e qualquer revogação de uma decisão jurisdicional fundar a responsabilidade civil, por a revogação não poder ser confundida com o erro judiciário. Existindo um sistema processual de recursos e garantias, que permite a correcção do erro, parece contraditório admitir a responsabilidade por culpa leve, sob pena de se confundir a culpa com a faculdade de os juízes divergirem tanto na interpretação dos factos, como do Direito. Na culpa leve não cabe qualquer erro do juiz, por não poder identificar-se a culpa com o erro. Conforme já foi anteriormente sublinhado, a "circunstância de dois juízes decidirem em sentidos opostos a mesma questão de direito não significa necessariamente, face à problemática da responsabilidade extracontratual do Estado, que um deles terá agido com culpa, embora não se saiba qual"[119].

---

[118] J. AVEIRO PEREIRA, obra cit., pág. 49, refere-se à responsabilidade pelo exercício da função jurisdicional como "responsabilidade objectiva a que o Estado fica adstrito por actividades prosseguidas em seu nome, independentemente de dolo ou culpa dos seus agentes" e no mesmo sentido, já no âmbito do RRCEE, CABRAL MONCADA, *idem*, pág. 80.

[119] V. Acórdão do STJ, datado de 08 de Julho de 1997, proc. 774/96. Em sentido semelhante, cfr. MONTERO AROCA, "*Responsabilidad civil del Juez y del Estado por la actuación del poder judicial*", Tecnos, Madrid, 1988, pág. 50, o qual, em tradução livre, afirma que o direito não é uma ciência exacta senão humana e a aplicação da norma jurídica ao caso concreto se realiza por meio de juízos, em relação aos quais intervém inúmeros factores. Um meio de prova

Donde, considerar-se justificado o actual regime legal, reconduzindo o erro *grosseiro* e *manifesto* à responsabilidade subjectiva e afastando a responsabilidade civil extracontratual do Estado por *qualquer* erro, apenas concebendo a responsabilidade sem culpa ou por culpa leve ou no quadro da responsabilidade pelo sacrifício, por ocorrência de dano especial e anormal ou por uma diferente abordagem do erro, deixando de se falar em erro qualificado, o que o actual estado da ordem jurídica, nacional e europeia, não nos autoriza.

Relacionada com esta questão, está uma opção de natureza político--constitucional, traduzida na definição do responsável *directo* perante o lesado, o Estado, o qual assegura, a título *principal* e não numa posição de mero garante, a indemnização devida por acto ou omissão do titular de um dos seus órgãos, o magistrado. A responsabilidade do Estado-Juiz mostra-se configurada, não como subsidiária, mas antes como directa, pelos danos produzidos pela actuação judiciária.

Reconhecendo-se a prestação de um serviço público aos cidadãos, pautado por garantias acrescidas de preservação de independência e de liberdade, em função das particularidades do exercício da actividade jurisdicional, deve a responsabilidade por erro judiciário ser vista como um custo dessa actividade, a suportar pelo Estado, em nome do qual a função é desempenhada, como sujeito de uma obrigação *própria*[120]. O Estado assume o respeito pelos direitos e pelas garantias dos utentes do serviço público de justiça, não deixando de proteger o lesado, tornando desse modo possível a responsabilidade pública pelo exercício da função jurisdicional. A consagração da responsabilidade civil do Estado--Juiz constitui uma garantia perante os eventuais riscos de frustração perante a possibilidade de falta de reparação provocada pela insolvência pessoal do magistrado.

---

pode lograr obter o convencimento de um juiz e não obter de outro; mesmo na doutrina pode haver diferenças em torno da interpretação de um artigo ou de uma decisão judicial, sem que se possa falar na culpa de um ou de outro juiz.

[120] O que traduz a assumpção pelo próprio Estado da responsabilidade pelo actual estado da Justiça, não só pela definição do quadro normativo em vigor, as leis materiais e de processo, emanadas por órgãos diferentes daqueles que vão ser chamados a aplicá-las, como ainda pelos profissionais que recruta e o seu número, a organização judiciária, que condiciona a respectiva repartição dos meios pessoais e materiais existentes, além das condições de trabalho, respondendo pelo risco de anomalias que ocorram, com ou sem culpa dos seus agentes.

5.2. Responsabilidade civil do magistrado

A imputação da responsabilidade civil[121] *pessoal* dos magistrados, nos termos do artigo 14º, depende do juízo de reprovação que a conduta suscita, numa aproximação entre os juízos de censura ético-moral e do Direito, isto é, da verificação do pressuposto da *culpa*, na modalidade de dolo[122] ou de culpa grave[123]. Com GOMES CANOTILHO, salvo os casos de

---

[121] A responsabilidade civil não esgota as modalidades de responsabilidade em que o magistrado pode incorrer: disciplinar, criminal ou outra, fora do exercício das funções.

[122] ALBERTO DOS REIS, considerava existir *dolo* quando o juiz exerce mal a sua função, não por ignorância, imperícia ou negligência, mas *intencionalmente*, isto é, com o propósito firme e deliberado de prejudicar a parte. No dolo cabem os casos em que o agente quis realizar o facto ilícito, prefigurando determinado efeito da sua conduta e os casos em que não querendo o facto ilícito, o previu como consequência necessária da sua conduta (V. MELO FRANCO e O., obra cit., pág. 363-364), *i.e.*, quando existe a vontade de causar um dano. Deve questionar-se se, em rigor, é compatível o *erro* em que incorra o juiz, com o *dolo*, já que é duvidoso que ambas as realidades sejam compatíveis. Será de conceber que o magistrado preveja o erro, admita o erro e ainda assim aceite esse erro, sem o corrigir, sanar ou minorar os seus efeitos? Não é curial a conjugação do *erro* judiciário com o *dolo*, não só em termos técnico-jurídicos, em razão da dogmática dos conceitos, por quem se encontrar em erro, não actuar com dolo, como decorrente da própria praxis judiciária. O juiz é *naturalmente* responsável perante si mesmo, perante a sua consciência, como contrapartida da sua independência e liberdade de julgar. O ilícito cometido com dolo traduzir-se-á, simultaneamente, na prática de um crime, pelo que, na prática, carecerá de efeito esta modalidade de culpa. Neste caso, a responsabilidade civil judicial aparece com responsabilidade civil subsidiária da responsabilidade penal, a qual, esta última, traduz a única situação em que o magistrado responde directamente, mediante a dedução de pedido cível no processo penal – cfr. Código Penal, Livro II, Título V, Capítulo III, "Dos crimes contra a realização da justiça". Não é de conceder a assumpção *a priori* do erro, para que se possa falar de dolo e o seu reconhecimento *a posteriori* decorre, em regra, da revogação da decisão jurisdicional pelo tribunal de hierarquia superior, o que qualquer juiz pretende evitar, não só atento o dever de decidir *com acerto*, proferindo despacho ou sentença justos e em harmonia com a lei, corolário do dever de realização de Justiça, como por razões relativas à própria evolução profissional. É de conceder, contudo, a actuação danosa do juiz *fora* do exercício da função jurisdicional, o que, contudo, é difícil configurar *qual tale*, seguindo o regime de responsabilidade civil do direito privado e não nos termos do RRCEE.

[123] Há *culpa* quando o magistrado podia e devia ter evitado o erro; há culpa *grave* quando a decisão é de todo desrazoável, evidenciando um desconhecimento do direito ou uma falta de cuidado ao percorrer o íter decisório que a levem para fora do campo dentro do qual é natural a incerteza sobre qual vai ser o comando emitido – cfr. Acórdão do STJ, datado de 08 de Julho de 1997, *in* BMJ, 469, pág. 406. Tradicionalmente, a valoração da culpa ocorreu por comparação com um padrão de culpa, concretizado como o "comportamento do bom pai de família", o qual veio depois a evoluir em função da específica natureza da obrigação.

dolo ou culpa grave, a culpa do juiz tem de se integrar na ideia de funcionamento defeituoso do serviço de justiça, no âmbito do artigo 12º do RRCEE, sob pena de se pôr em causa as dimensões fundamentais do *ius dicere*, relativas à autonomia e independência do poder judicial[124].

Questão primeira que merece ser colocada é a do âmbito material da responsabilidade civil dos magistrados, percebendo se os mesmos são apenas responsáveis pelos danos causados por erro judiciário, nos termos do artigo 13º ou se a sua responsabilidade abrange os actos materialmente administrativos, praticados no âmbito do artigo 12º.

Não apontando o RRCEE para qualquer limitação da responsabilidade dos magistrados, é de optar pela maior amplitude material do artigo 14º, em relação ao artigo antecedente, por nele se englobar, quer a responsabilidade por erro judiciário, prevista no artigo 13º, quer a responsabilidade pelo funcionamento do serviço de justiça, prevista no artigo 12º, não se reportando exclusivamente às situações de erro judiciário mas, em geral, a toda a responsabilidade civil dos magistrados, no exercício das suas funções.

Tendo presente a especificidade da graduação da culpa e os pressupostos materiais do erro judiciário, isto é, que exista um erro *manifesto* ou *grosseiro*, resulta que o legislador assenta a constituição do dever de indemnizar por erro judiciário, pelo menos, na culpa grave do magistrado, só concedendo a actuação com culpa leve nos termos do artigo 12º.

Sendo a *culpa*, na modalidade de dolo ou culpa grave, o fundamento da responsabilidade civil dos magistrados, ela constitui o pressuposto para o exercício do direito de regresso, em acção a intentar pelo Estado. Assim, assegurando o Estado, externamente, perante o lesado, a obrigação de indemnizar pelos danos decorrentes do erro judiciário, passa a poder agir judicialmente contra o magistrado, que tenha agido com

---

Deve hoje entender-se o conceito de culpa como um conceito aberto, indeterminado, a ser interpretado em função de cada caso concreto. Tratando-se de um comportamento profissional, deve atender-se ao modelo profissional, que considere a concreta prestação da função em causa, *i.e.*, no caso do erro judiciário, a culpa *judicial*, que atenda aos conhecimentos especiais de carácter técnico-jurídico que o magistrado, como profissional do Direito, deve ter.

[124] RLJ, pág. 307, *apud* MARIA GLÓRIA GARCIA, obra cit., pág. 60.

dolo ou culpa grave, numa relação que se estabelece unicamente entre o Estado e o juiz, fora do quadro da solidariedade[125] que vale no âmbito da responsabilidade pelos danos causados no exercício da função administrativa. Tal regra, igualmente consagrada nos artigos 5º, nº 3 dos Estatutos dos Magistrados Judiciais e 77º do Estatuto do Ministério Público, ao disciplinar, "Que fora dos casos em que a falta constitua crime, a responsabilidade apenas pode ser efectivada mediante acção de regresso do Estado contra o respectivo magistrado, com fundamento em dolo ou culpa grave.", impedindo que o magistrado responda directamente perante o lesado, tem o significado de manter o princípio da irresponsabilidade dos juízes pelas suas decisões, nos termos constitucionalmente previstos no nº 2 do artigo 216º, corolário da sua independência. O estatuto dos magistrados, com consagração constitucional e desenvolvimento em lei ordinária, impede que a parte, descontente com o desfecho do litígio, demande directa e pessoalmente o juiz, já que isso constituiria, senão uma limitação, um enorme constrangimento em relação ao exercício da função de julgar. O princípio constitucional da irresponsabilidade pelo conteúdo ou sentido jurídico da decisão jurisdicional constitui um imperativo constitucional de uma justiça imparcial e independente, destinado a tutelar a liberdade e independência da função de julgar, de que beneficiam os cidadãos, sendo irrenunciável, pelo que, não se destina a proteger o juiz, não sendo um seu privilégio. A opção assumida no RRCEE é *adequada* a dar resposta ao princípio da responsabilização do Estado e impede que os cidadãos demandem directamente o magistrado, evitando o constrangimento que este teria de enfrentar, em claro prejuízo para a independência judicial, enquanto requisito indispensável da administração da justiça.

Delineado o regime legal no sentido de o magistrado responder em sede de direito de regresso, coloca-se a questão de saber da compatibilização do artigo 14º com o artigo 6º do RRCEE, isto é, saber se existe o *dever* de regresso, a exercer pelo Estado contra o magistrado. Inserindo-se o artigo 6º no Capítulo I, nas "Disposições Gerais", aplicáveis

---

[125] Obrigação solidária passiva é a obrigação em que o credor pode exigir a prestação integral de qualquer dos devedores e a prestação efectuada por um libera a todos perante o credor – artigo 512º, nº 1 CC.

ao regime de responsabilidade de todas as funções do Estado, parece decorrer que existe um verdadeiro *dever* de regresso, à semelhança do regime da responsabilidade civil pelos danos causados no exercício da função administrativa. Contudo, não nos parece que seja essa a melhor interpretação, não devendo ser esse o sentido a adoptar. Reconhecendo-se a atribuição aos Conselhos Superiores da respectiva competência para o exercício do direito de regresso, no que respeita à *natureza* dessa competência/poder, é de recusar o seu exercício vinculado, que retire margem de livre apreciação. O legislador do RRCEE não previu de forma idêntica, nos citados preceitos, o direito de regresso e podê-lo-ia ter feito, assumindo no artigo 14º, de forma igualmente inequívoca, como procede no artigo 6º, o dever de regresso, o que não decorre. Além disso, deve o intérprete considerar na interpretação da norma jurídica o bloco da legalidade aplicável. Assim, é de conceber a decisão dos Conselhos Superiores como eminentemente *discricionária*, sujeita a critérios de conveniência e de oportunidade, o que não se compadece com a consagração de um verdadeiro *dever* de regresso.

Caberá a cada um dos Conselhos Superiores – Conselho Superior da Magistratura, Conselho Superior dos Tribunais Administrativos e Fiscais e Conselho Superior do Ministério Público –, em face das circunstâncias do caso concreto, isto é, tendo em conta a gravidade ou repercussões do erro jurisdicional cometido, o magistrado em questão e as características do tribunal de onde emanou a decisão judicial ilícita, decidir se exerce ou não o direito de regresso. Deste modo, em face desses parâmetros, não sendo de impor aos Conselhos Superiores o exercício do *dever* de regresso, também não é *in totum* de excluir a redução da discricionariedade nessa tomada de decisão administrativa, em face do concreto erro apurado na decisão revogatória e as suas consequências ou repercussões, seja para o lesado, seja para a imagem e para o prestígio da Justiça[126].

---

[126] Discordamos de GUILHERME FONSECA, obra cit., pág. 56-57, quando defende a aplicação do artigo 6º e por isso, o exercício do *dever* de regresso em relação aos magistrados, "em obediência ao princípio da igualdade", pois é de afastar que juízes e trabalhadores administrativos se encontrem em plano homólogo, sendo desigual o estatuto *jurídico-constitucional* dos juízes, no exercício da função/poder judicial, em relação ao regime *legal* dos trabalhadores que exercem funções públicas, no exercício da função/poder administra-

Por outro lado, não é de conceder, ao arrepio do disposto na letra da lei, a possibilidade de intervenção do Ministro da Justiça no exercício do direito de regresso.

O artigo 14º, nº 2 do RRCEE prevê a iniciativa do Ministro da Justiça na decisão de exercer o direito de regresso contra o magistrado, mas é de questionar a constitucionalidade material do preceito nesta parte, considerando o artigo 2º da Constituição, nos termos do qual a República Portuguesa é um Estado de Direito democrático, baseado, *inter alia*, na separação e interdependência de poderes (artigo 111º) e o artigo 203º, que consagra o princípio da independência e autonomia do poder judicial face ao Governo[127], não cabendo ao poder executivo qualquer função de controlo do poder judicial.

Mostra-se ainda incompreensível a solução legislativa considerando que o artigo 217º da Constituição reserva a competência para a prática dos actos de nomeação, colocação, transferência, promoção e exercício da acção disciplinar aos respectivos Conselhos Superiores, não se vislumbrando razão que determine, em relação ao direito de regresso, uma alteração no quadro legal de competências. É de recusar a interferência de um membro do Governo, seja na actuação funcional, seja no accionamento da responsabilidade civil dos magistrados, por desconformidade com a ordem constitucional vigente, atentos os princípios da separação de poderes e da hierarquia entre os actos normativos.

---

tivo, sendo substancialmente distintos não só a natureza, como o modo do exercício das funções. No país vizinho, a doutrina sempre admitiu a necessidade de um regime especial para regular a responsabilidade civil do juiz e tem salientado que juízes e funcionários têm um regime de responsabilidade distinto, não parecendo aconselhável uma assimilação entre essas duas categorias – *vide* MARIA LUISA ATIENZA NAVARRO, *"La responsabilidad civil del Juez"*, Tirant to Blanch, Valência, 1997, pág. 72. Também entre nós, RICARDO PEDRO, *"Contributo para o estudo da responsabilidade civil extracontratual do Estado ..."*, a propósito da responsabilidade directa dos servidores públicos, no âmbito da responsabilidade civil por danos causados no exercício da função administrativa, considera que conjugado "o mandamento constitucional previsto no artigo 22º", com o disposto no artigo 216º nº 2, da Constituição, "fica claro que se deixa ao legislador ordinário a liberdade de conformação de um regime diferente no que tange a *decisões jurisdicionais*, de modo a garantir a independência necessária à actividade de julgar".

[127] Com CRISTINA QUEIRÓZ, obra cit., pág. 328, "É a *supremacia da Constituição*, que determina a relação de *inferioridade* da lei, o *status* limitado do legislador sob a Constituição.".

Donde, se entender que a decisão administrativa de exercício do direito de regresso contra o magistrado, da competência dos respectivos Conselhos Superiores, não ficar condicionada ou sequer poder ser de algum modo influenciada, pela iniciativa ou intervenção do Ministro da Justiça, por inconstitucionalidade do disposto no nº 2 do artº 14º do RRCEE.

No que respeita à *medida* do direito de regresso, é o RRCEE omisso, questionando-se se o Estado pode exigir ao magistrado tudo aquilo a que foi condenado judicialmente, *maxime*, a quantia paga ao lesado. Sendo a responsabilidade do magistrado aferida apenas nas relações internas com o Estado, significa que a sua responsabilidade, perante as situações em que o Estado é civilmente responsável ou assume igual conteúdo ou é mais restrita, não podendo responder por *mais* do que o próprio Estado.

Tendo presente o princípio segundo o qual o magistrado responde na *medida* da sua culpa e admitindo-se que no plano das relações internas, não sejam necessariamente iguais as quotas ou partes que competem a cada um dos obrigados[128], concede-se que seja o magistrado, que agiu com culpa grave, a responder pela totalidade da indemnização paga pelo Estado, mas também que haja repartição da obrigação de indemnizar, não existindo o reembolso total da quantia paga, *maxime*, em situações onde existam sérias deficiências do Tribunal, já anteriormente diagnosticadas e, por isso, do conhecimento dos respectivos Conselhos Superiores. Seguindo a solução de outros sistemas de direito, no respeitante à *medida* do direito de regresso do magistrado, de *jure condendo* deveria ser previsto uma graduação ou limite, que tivesse em conta o seu rendimento anual[129].

---

[128] Seguindo A. VARELA, *"Das Obrigações..."*, pág. 749, no quadro do regime da solidariedade, no plano das relações internas, pode ocorrer que toda a prestação deva recair sobre só um ou apenas alguns dos devedores e que quem cumprir tenha o direito de cobrar-se por inteiro junto do co-devedor ou não tenha qualquer direito de regresso, por só ele dever suportar a prestação. O Acórdão do STJ, datado de 08 de Julho de 1997, extraído do proc. 774/96, reconhece "uma responsabilidade do Estado além da medida em que os juízes a possam ter".

[129] MARGARIDA CORTEZ, *"Contributo..."*, pág. 260, no âmbito da responsabilidade pelos danos causados no exercício da função administrativa, pronunciou-se em sentido favorável a essa limitação, defendendo existir discricionariedade quanto ao valor a reclamar ao

Em qualquer caso, não pode ser esquecido o "carácter de excepção da responsabilidade dos juízes"[130].

---

funcionário ou agente, em função de diversos factores, como o concreto resultado danoso produzido, ter existido ou não intencionalidade, a responsabilidade profissional do agente e a sua relação com a produção do resultado danoso. É conhecido, noutro âmbito de responsabilidade civil, como o decorrente de acidentes de viação, a limitação do montante da indemnização.

[130] V. JORGE MIRANDA, obra cit., vol. IV, pág. 355.

6.
A acção de responsabilidade

Com a reforma do contencioso administrativo – operada pelo Estatuto dos Tribunais Administrativos e Fiscais, aprovado pela Lei nº 13/2002, de 19 de Fevereiro e pelo Código de Processo nos Tribunais Administrativos, aprovado pela Lei nº 15/2002, de 22 de Fevereiro –, por isso, antes mesmo do RRCEE, aprovado pela Lei nº 67/2007, de 31 de Dezembro, o legislador abriu caminho para uma nova lei de responsabilidade civil extracontratual do Estado, definindo o respectivo regime processual aplicável à acção de responsabilidade por erro judiciário.

6.1. Órgão jurisdicional competente
Nos termos da lei processual administrativa atribuiu-se aos tribunais administrativos a competência para a apreciação dos litígios respeitantes à responsabilidade civil extracontratual do Estado, incluindo por danos decorrentes do exercício das funções política, legislativa e judicial e sem distinguir no tocante à Administração, entre gestão pública e gestão privada.

Previu-se a competência material e territorial desses tribunais para as acções de responsabilidade e para as acções de regresso contra os magistrados em exercício de funções na jurisdição administrativa e fiscal, assim como se estipulou a forma das acções administrativas.

A acção de responsabilidade civil fundada em erro judiciário será instaurada no tribunal da jurisdição em que o magistrado exerça funções, sendo imputáveis aos tribunais de cada ordem de jurisdição os erros dos seus respectivos titulares. Assim, à *unidade* do respectivo regime substantivo de responsabilidade civil, previsto no RRCEE, respondeu o legislador com a *dualidade* de jurisdições competentes para a efectivação do respectivo direito à indemnização fundado em erro judiciário.

Como referem FREITAS DO AMARAL e MÁRIO AROSO DE ALMEIDA[131], a competência dos tribunais administrativos abrange todas as acções de responsabilidade contra magistrados, salvo quando envolvam erro judiciário e se reportem a magistrados de outra jurisdição.

Assim, extrai-se do ETAF, aprovado pela Lei nº 13/2002, de 19 de Fevereiro e entrado em vigor em 01 de Janeiro de 2004, um alargamento da competência contenciosa que até então cabia aos tribunais administrativos.

Para o efeito, atribui-se aos tribunais administrativos a competência para o julgamento das acções de responsabilidade por danos decorrentes da função legislativa e jurisdicional, esta última, seja decorrente do funcionamento e administração da justiça (artº 12º do RRCEE), seja do erro judiciário imputável aos tribunais administrativos (artº 13º e 14º do RRCEE), nos termos do artigo 4º, nº 1, alínea g), 2ª parte e nº 3, alínea a) do ETAF, assim como a competência para o julgamento das acções de responsabilidade civil extracontratual dos titulares de órgãos, funcionários, agentes e demais servidores públicos, relevante para efeitos de exercer o respectivo direito de regresso, no âmbito das relações internas, nos termos do artigo 4º, nº 1, alínea h) do ETAF.

Uma questão que poderá vir a colocar-se consiste em saber qual a exacta delimitação da competência em razão da matéria dos tribunais administrativos quando sejam invocadas diferentes causas de pedir, as quais quando invocadas em separado, devessem determinar a atribuição de competência de tribunais de diferentes ordens de jurisdição. *Quid iuris* no respeitante à competência material do tribunal no caso de ser instaurada acção fundada em causa de pedir complexa, *i.e.*, em erro judiciário imputado a tribunal integrado na jurisdição comum, cuja competência material cabe a essa ordem de tribunais e, cumula-

---

[131] V. *"Grandes linhas da reforma do contencioso administrativo"*, Coimbra, 2002, pág. 32-34.

tivamente, seja invocada causa de pedir assente na violação do direito à obtenção de decisão jurisdicional em prazo razoável, cuja competência pertence aos tribunais administrativos[132]? Não se olvidando que o âmbito de jurisdição e a competência dos tribunais, é de ordem pública (artigo 13º do CPTA), a resposta terá de ser obtida mediante interpretação do teor do artigo 4º do ETAF, que determina o âmbito de jurisdição dos tribunais administrativos, designadamente, das normas legais de atribuição de competência, previstas nas várias alíneas do seu nº 1 e de exclusão de competência, contempladas nos seus nºs 2 e 3. Prevendo-se a competência genérica dos tribunais administrativos, nos termos da alínea g), do nº 1 do artigo 4º do ETAF, para o conhecimento e decisão de questões relativas a responsabilidade civil extracontratual das pessoas colectivas de direito público resultante do exercício da função jurisdicional, encontra-se essa mesma competência limitada pela norma de exclusão, contida na alínea a) do nº 3 do mesmo preceito legal, a qual retira essa competência, quando esteja em causa a apreciação de acções de responsabilidade por erro judiciário cometido por tribunais pertencentes a outras ordens de jurisdição, bem como as respectivas acções de regresso. Da interpretação conjugada de tais preceitos, forçoso se tem de entender que foi intenção expressa e inequívoca do legislador retirar do âmbito da jurisdição administrativa, os litígios a que se refere o disposto na alínea a) do nº 3 do artigo 4º do ETAF, pelo que, deverá entender-se que no caso supra suscitado, a competência material para o conhecimento e decisão da referida acção de responsabilidade civil fundada em dupla causa de pedir, deverá caber aos tribunais comuns, a quem foi imputada a responsabilidade fundada em erro judiciário. Tal solução não só permite assegurar o respeito pela norma de exclusão de competência, prevista na alínea a) do nº 3 do artigo 4º do ETAF, como garante uma repartição mais equilibrada de competências entre as ordens de jurisdição em causa, além de não obrigar o lesado a ter de instaurar duas acções, em ordens jurisdicionais distintas, para ver apreciada e decidida a questão de responsabilidade civil por danos causados no exercício da função jurisdicional, no âmbito de uma mesma lide processual.

---

[132] Sobre esta mesma questão, cfr. RICARDO PEDRO, obra cit., pág. 161-162.

Por outro lado, no caso suscitado, quando sejam invocados o erro judiciário competido em decisão judicial e o funcionamento anormal do serviço de justiça, *maxime*, por dilações indevidas, como fontes de responsabilidade civil, tenderá o erro judiciário a constituir a questão essencial, a qual deverá ditar a regra de competência do tribunal.

A acção terá de ser fundada em factos relevantes em que se traduza a responsabilidade civil por erro judiciário, isto é, a existência de uma decisão jurisdicional enfermada de erro *qualificado*, de facto e/ou de direito, enquanto pressupostos *materiais* da acção, o erro *grosseiro* na apreciação dos pressupostos de facto e o erro *manifesto* de direito.

Terá ainda de assentar na prévia revogação da decisão jurisdicional danosa pela respectiva ordem jurisdicional competente, enquanto pressuposto *processual* específico da acção de responsabilidade fundada em erro judiciário.

Contudo, poderá ou não o tribunal no âmbito do qual foi proferida a decisão revogatória, ter emitido o juízo, de natureza eminentemente valorativa, sobre o carácter *manifesto* ou *grosseiro* do erro da decisão recorrida.

Por não se mostrar necessário na economia do recurso qualquer juízo de qualificação do erro ou do grau de ilicitude da decisão jurisdicional, pode acontecer que o mesmo não se mostre formulado na decisão judicial revogatória. Sendo o *erro* jurisdicional cometido objecto da acção de indemnização, significa que o juiz vai debruçar-se sobre a decisão judicial revogatória e decidir sobre a verificação dos seus respectivos pressupostos, incluindo os materiais. Assim, se a qualificação do erro já decorrer de anterior decisão jurisdicional, transitada em julgado, não deverá o juiz da acção de responsabilidade voltar a pronunciar-se sobre tal questão, atento o efeito de caso julgado, mas caso contrário, será o juiz da acção de responsabilidade civil quem decidirá a qualificação do erro, decidindo sobre a verificação do erro grosseiro na apreciação dos pressupostos de facto ou do erro manifesto de direito, enquanto pressupostos materiais da acção.

Tal assume a relevância de não deixar na disposição das partes os pressupostos materiais em que se funda a acção de responsabilidade civil por erro judiciário, por efeito da mera alegação e da formulação do pedido pelo autor ou por efeito da confissão do réu, Estado, por falta de contestação[133], permitindo acautelar o uso *racional* dos meios processuais.

Donde, a mera instauração da acção de responsabilidade civil fundada na anterior revogação da decisão judicial, não tem o significado imediato do sucesso da pretensão indemnizatória formulada, sendo necessário que o juiz da decisão revogatória haja qualificado o erro de manifesto ou de grosseiro ou, não o tendo feito, proceda o juiz da acção de responsabilidade a essa qualificação, e se verifiquem os demais pressupostos gerais da responsabilidade civil.

No respeitante à competência em razão da hierarquia dos tribunais administrativos, encontra-se prevista a competência dos tribunais superiores, não só como tribunais de recurso, mas também em primeira instância.

Os tribunais administrativos de círculo dispõem de uma competência genérica em relação a todos os processos da jurisdição administrativa, salvo daqueles cuja competência esteja reservada para os tribunais superiores, em primeiro grau.

Nos termos da alínea f), do nº 1, do artigo 24º do ETAF compete ao STA conhecer das acções de regresso, fundadas em responsabilidade por danos resultantes do exercício das suas funções, propostas contra juízes do Supremo Tribunal Administrativo e dos Tribunais Centrais Administrativos, assim como dos magistrados do Ministério Público que exerçam funções junto destes tribunais ou equiparados, e cabe ao TCA conhecer, em primeira instância[134], das acções de regresso fundadas em responsabilidade civil por danos resultantes do exercício das suas funções, propostas contra juízes dos tribunais administrativos de cír-

---

[133] Não é claro se a situação descrita, de condenação do Estado em responsabilidade civil por danos causados por erro judiciário se subsuma na alínea c) do artigo 485º do CPC, devendo entender-se que se tal preceito não vale para a confissão expressa, por força do artigo 354º do CC, também não vale para a confissão presumida, por falta de contestação, impedindo a imediata *condenação de preceito.*

[134] No confronto das diversas alíneas do artigo 37º do ETAF, o conhecimento das acções de regresso, consiste o único caso de competência em primeira instância do TCA (sem prejuízo do disposto no artº 6º da Lei nº 34/2007, de 13/08, que reserva à secção de contencioso administrativo de cada tribunal central administrativo, o conhecimento, em 1ª instância, dos processos relativos a actos administrativos de aplicação das sanções disciplinares de detenção ou mais gravosas, previstas no Regulamento de Disciplina Militar).

culo e dos tribunais tributários e dos magistrados do Ministério Público que prestem serviço junto desses tribunais, nos termos da alínea c) do artº 37º do ETAF.

No respeitante à competência do tribunal em razão do território, no domínio das acções de responsabilidade civil vigora a regra especial de competência, prevista no nº 1 do artigo 18º do CPTA, segundo a qual as pretensões em matéria de responsabilidade civil extracontratual, incluindo as acções de regresso, são deduzidas no tribunal do lugar em que se deu o facto constitutivo da responsabilidade, o que, em princípio, coincidirá com a sede do tribunal que emanou a decisão judicial ilícita.

Ainda no que concerne ao pressuposto processual da competência do tribunal, decorre da alínea b) do nº 1 do artº 180º do CPTA que, genericamente, pode ser constituído tribunal arbitral para o julgamento de questões de responsabilidade civil extracontratual, incluindo a efectivação do direito de regresso. Tal preceito, contudo, tem se ser lido em conjugação com o disposto no artigo 185º do mesmo Código, segundo o qual a responsabilidade civil por prejuízos decorrentes de actos praticados no exercício da função jurisdicional se encontra excluída da arbitragem, pelo que, não é possível constituir tribunal arbitral para o julgamento da matéria em causa.

6.2. Meios processuais

No respeitante aos meios processuais, fundando-se a acção de responsabilidade civil extracontratual por danos cometidos no exercício da função jurisdicional, no erro judiciário cometido por magistrados a exercer funções na jurisdição administrativa, mostra-se idónea a acção administrativa comum, nos termos previstos na alínea f), do nº 2, do artigo 37º do CPTA.

Estabelecem o nº 1 do artº 35º e o nº 1 do artigo 42º do CPTA, que às acções previstas no Título II do Código, onde se inclui a acção administrativa comum, corresponde o processo de declaração regulado no Código de Processo Civil, nas suas três formas processuais legalmente admissíveis, não existindo particularidades no regime processual aplicável, mediante remissão em bloco para o regime processual regulado na lei processual civil. Assim, a acção administrativa comum a correr termos nos tribunais administrativos obedece aos termos do processo civil declaratório comum, sendo tramitada segundo a forma ordinária,

A ACÇÃO DE RESPONSABILIDADE

sumária ou sumaríssima, nos termos previstos no CPC, consoante o valor atribuído à causa, sem prejuízo do disposto nos n°s 2 e 3 do artigo 42º do CPTA[135].

Segundo tais disposições, só em processo ordinário poder haver lugar a julgamento da matéria de facto por tribunal colectivo, quando qualquer das partes o requeira e quando a acção deva ser julgada por tribunal singular, a sentença é proferida pelo juiz do processo, mesmo quando intervenha o tribunal colectivo.

A regra de funcionamento dos tribunais administrativos de círculo encontra-se prevista no nº 1, do artº 40º do ETAF, segundo a qual, em princípio, o tribunal funciona em juiz singular, competindo-lhe o julgamento de facto e de direito.

Segundo o disposto no nº 2 do artigo 40º do ETAF e no artº 42º do CPTA, nas acções administrativas comuns que sigam a forma ordinária, o julgamento da matéria de facto é feito pelo tribunal colectivo, se tal for requerido por qualquer das partes e desde que nenhuma delas requeira a gravação da prova.

Pelo que, no respeitante à constituição do tribunal, releva a utilização do processo ordinário, sumário ou sumaríssimo, para determinar a formação que deverá intervir no julgamento.

6.3. Prazo de accionamento do direito à indemnização

Nos termos do artigo 41º do CPTA, a acção administrativa pode ser instaurada a todo o tempo, sem prejuízo do prazo que decorra do direito substantivo, relativo ao regime de prescrição do direito à indemnização por responsabilidade civil extracontratual do Estado e demais pessoas colectivas de direito público, segundo o disposto no artigo 498º do CC[136] (cfr. artigo 5º do RRCEE). Nos termos da lei civil, é de três anos o prazo de prescrição, a contar da data em que o lesado teve conhecimento do direito que lhe compete exercer, mesmo que não tenha conhe-

---

[135] A alçada dos tribunais administrativos, que é coincidente com a dos tribunais comuns (cfr. n°s 3 e 4 do artº 6º do ETAF), tem o valor de € 5.000,00 nos tribunais administrativos de círculo e de € 30.000,00 nos tribunais centrais administrativos – cfr. artigo 31º da LOFTJ, aprovada pela Lei nº 52/2008, de 28 de Agosto.

[136] Importa lembrar, no tocante ao prazo de prescrição, que se admitem as causas de suspensão e de interrupção, previstas nos artigos 318º a 327º do CC.

cimento da pessoa do responsável e da extensão integral dos danos, sem prejuízo da prescrição ordinária se tiver decorrido o respectivo prazo de vinte anos, a contar do facto ilícito danoso (cfr. artigo 498º nº 1 do CC).

No caso da responsabilidade civil extracontratual fundada em erro judiciário, em que o facto ilícito danoso constitui a decisão jurisdicional ilícita, enfermada de erro manifesto de direito ou de erro grosseiro de facto, é de entender que apenas com o trânsito em julgado da decisão revogatória, em regra proferida pelo tribunal de recurso, tem o lesado conhecimento do direito que lhe compete exercer, pelo que, só a partir daí começa a correr o prazo referido. Embora não seja de exigir o conhecimento respeitante aos pressupostos do instituto da responsabilidade civil extracontratual, com a revogação da decisão jurisdicional é possível à parte lesada formular um juízo, necessariamente subjectivo, sobre a possibilidade de obtenção de uma indemnização pelos danos patrimoniais e não patrimoniais sofridos.

Assim, decorrido o trânsito em julgado da decisão jurisdicional revogatória da primitiva decisão ilícita, dispõe o lesado do prazo prescricional de três anos para accionar o respectivo direito à indemnização por responsabilidade civil extracontratual por erro judiciário, findo o qual se extingue o respectivo direito.

6.4. Capacidade e representação judiciária

No quadro da acção de responsabilidade civil por erro judiciário, sendo demandado o Estado, o qual ocupa o papel de sujeito passivo da respectiva acção, importa considerar o pressuposto da capacidade judiciária, considerando o regime específico a que encontram sujeitas as pessoas colectivas de direito público no plano da representação judiciária. Para tanto, estabelece o nº 1 do artigo 20º do CPC, que o Estado é representado pelo Ministério Público, sem prejuízo dos casos em que a lei especialmente permita o patrocínio judicial próprio e, em sentido idêntico, prevê o nº 2 do artigo 11º do CPTA, ao estipular que sem prejuízo da representação do Estado pelo Ministério Público, nos processos que tenham por objecto a responsabilidade civil, as pessoas colectivas de direito público podem ser representadas em juízo por licenciado em Direito com funções de apoio jurídico, expressamente designado para o efeito.

Considerando que a acção de responsabilidade do Estado pode ter por base a actuação ilícita de um magistrado do Ministério Público e conjugando a regra de atribuição de competência territorial do tribunal com a da representação judiciária, pode acontecer que ocorra conflito entre entidades ou pessoas que o Ministério Público deva representar, devendo, neste caso, o Procurador da República solicitar à Ordem dos Advogados a indicação de um advogado para representar o Estado, nos termos do artigo 69º do Estatuto do Ministério Público.

6.5. Legitimação activa e passiva

No que se refere ao pressuposto processual da legitimidade activa da acção de responsabilidade civil por erro judiciário, encontra-se a mesma assegurada pelo lesado ou pela parte prejudicada com a decisão jurisdicional ilícita. Questão que a este propósito merece ser colocada consiste em saber se é de exigir a condição de *parte* processual para a respectiva instauração da acção de responsabilidade civil ou se, pelo contrário, admite-se um conceito amplo de legitimidade activa, permitindo que quem não haja intervindo como parte, mas como testemunha, perito ou um terceiro em geral e se sintam prejudicados com o processo, possam demandar o Estado por responsabilidade civil.

Se entre nós, a jurisprudência ainda não tomou posição sobre a questão, à semelhança do entendimento adoptado noutros ordenamentos, tenderá a seguir-se a interpretação mais restritiva, exigindo-se a condição de parte para o accionamento da responsabilidade civil por erro judiciário.

A opção a seguir não deixará de assumir relevância noutros domínios, já que poderá influir no pressuposto processual da prévia revogação da decisão jurisdicional danosa, mediante a exigência de esgotamento dos recursos legalmente admissíveis.

Em relação ao pressuposto processual da legitimidade passiva, à semelhança do que acontece em regimes de direito comparado, é intentada única e exclusivamente contra o Estado, o qual nas relações externas é o único responsável, assegurando a indemnização devida ao lesado, por o poder judicial integrar uma das suas funções soberanas. Inexiste a responsabilidade civil directa frente ao juiz, pelo que, pretendendo o particular exigir o ressarcimento do dano, apenas pode demandar o Estado, podendo este, em acção regresso, reclamar a indemnização paga frente ao juiz. Constitui opção legislativa separar nitidamente a responsabilidade estatal, que se considera originária, autónoma e independente, da responsabilidade do juiz[137].

O regime traçado implica que não se concede ao lesado a opção de demandar o Estado ou o juiz, ou sequer demandar os dois, conjuntamente, em litisconsórcio passivo, por estar vedado demandar directamente o magistrado. Está em causa matéria em que não existiu liberdade de disciplina do legislador para conformação do regime legal da responsabilidade civil extracontratual do Estado, antes traduzindo o respeito por uma imposição constitucional, de compatibilização do princípio da irresponsabilidade *directa* dos juízes[138], com a sua independência e liberdade decisória. Assim, o magistrado apenas responde na sequência da tomada de decisão nesse sentido do respectivo Conselho Superior, em sede de direito de regresso.

Questão que merece ser questionada consiste a de saber se o Estado, demandado na acção de responsabilidade civil, pode requerer a intervenção *acessória* provocada passiva[139] do magistrado, com isto trazendo-o a juízo e associando-o ao caso julgado que no âmbito dessa acção se forme. A essa questão é de responder negativamente, já que chamando-se o magistrado a juízo, embora na qualidade de parte acessória, tal traduzir-se-ia no poder de demandar o magistrado na mesma acção em que o lesado é parte, expondo-o à luta processual e ao confronto directo com o lesado, numa subversão do regime constitucional e legal delineado pelo legislador[140], que aponta que só o Estado responde perante o lesado e a responsabilidade do juiz apenas pode ser aferida nas relações *internas*. Por essa razão não se aplica aos magistrados a regra da solidariedade que vale para os titulares dos órgãos e agentes administrati-

---

[137] *Vide*, LUIZ SANZ ACOSTA, *"Responsabilidad Civil Judicial"*, *in* "La Responsabilidad Personal del Juez", obra cit., pág. 117.

[138] V. C. AMADO GOMES, *in* "A Responsabilidade Civil do Estado...", pág. 221.

[139] Não é de conceder a possibilidade de intervenção *principal* provocada do juiz por, nos termos do artigo 14º do RRCEE, o magistrado não poder ser *directamente* demandado pelo lesado, não podendo responder a título *principal* na acção de responsabilidade.

[140] Por isso, embora se compreendam as razões, eminentemente de ordem prática, discordamos de GUILHERME FONSECA, obra cit., pág. 57 e de LUÍSA NETO, *idem*, pág. 566, quando admitem o incidente de intervenção provocada dos magistrados, nos termos do artigo 329º do CPC.

A ACÇÃO DE RESPONSABILIDADE

vos, incluindo os que exercem funções no âmbito da administração da justiça[141].

Do mesmo modo, não se concebe qualquer interferência do lesado na tomada de decisão do Conselho Superior competente para o exercício do direito de regresso e ocorrendo o exercício do direito de regresso do Estado contra o magistrado, não se reconhece legitimidade ao lesado para poder intervir nessa acção[142].

No âmbito da acção de responsabilidade civil, não é ainda de afastar que possa o Estado, demandado judicialmente e nas vestes de lesante, demonstrar a culpa do lesado, para efeitos da sua desresponsabilização ou diminuição do *quantum* indemnizatório, em função do grau de culpa do lesado, nos termos gerais previstos no artigo 4º do RRCEE, impondo-se ao juiz que afira se a actuação do lesado contribuiu para o facto ilícito e para a produção ou o agravamento do dano, repercutindo na decisão final a sua respectiva quota parte de responsabilidade.

---

[141] A este respeito, cfr. Exposição de Motivos da Proposta de Lei nº 95/VIII, publicada no DR II-A, nº 76, de 18 de Julho de 2001.

[142] A respeito do pressuposto processual da legitimidade passiva no âmbito da acção de regresso, sendo a decisão jurisdicional emanada de um tribunal colectivo e não haja sido lavrada declaração de voto, poderá colocar-se a questão de litisconsórcio necessário passivo, mediante a demanda do colectivo de juízes. Nesta situação, devem ser demandados todos os magistrados que emanaram a decisão danosa, para evitar decisões contraditórias e atenta a impossibilidade de condenar apenas um dos autores da decisão jurisdicional ilícita. Porque a lei nada diz a este respeito, estaremos perante um litisconsórcio necessário passivo impróprio.

7.
Conclusões

A. De todo o exposto resulta que a responsabilidade civil extracontratual do Estado por erro judiciário está sujeita a algumas restrições, em relação ao regime *comum* de responsabilidade, as quais não têm o intuito de beneficiar os magistrados, não sendo um regime proteccionista da magistratura, mas antes têm por objectivo limitar as situações em que o próprio Estado responde pelos danos causados no exercício de uma das suas funções soberanas, a função jurisdicional.

B. Consiste, por um lado, em atender à diferenciação da natureza das funções em causa, a qual se encontra *ex ante* estabelecida em lei constitucional e com o objectivo cimeiro de preservar os interesses subjacentes aos princípios da independência e liberdade decisórias do julgador e da irresponsabilidade dos magistrados, relativos à boa administração da justiça, que a todos os cidadãos beneficia.

C. Por essa razão, de forma a preservar a independência necessária à decisão jurisdicional, isenta e imparcial, e que atenda à natureza das funções efectivamente exercidas, estabelece-se a responsabilidade directa do Estado e a responsabilidade indirecta do magistrado, *i.e.*, a irresponsabilidade directa do juiz, o que se apresenta justificado em face da ordem constitucional vigente, designadamente em face do artigo 13º da Constituição, em comparação com os demais servidores públicos, atenta a distinção do regime de base constitucional e legal aplicável.

D. O regime legal de responsabilidade civil por erro judiciário inovatoriamente consagrado no RRCEE, ao prever a responsabilidade civil, não por qualquer erro, mas apenas pelo erro *manifesto* ou *grosseiro*, acolhe a jurisprudência europeia em matéria de responsabilidade civil dos Estados-membros pelos danos causados pelo exercício da função jurisdicional, que prevê tal responsabilidade meramente como *excepcional*.

E. A qualificação do erro relevante para efeitos indemnizatórios, como manifesto ou grosseiro, permite dissociar a mera revogação da decisão jurisdicional danosa pelo tribunal de recurso, do erro judiciário.

F. A qualificação do erro como manifesto e grosseiro, permite fundar a responsabilidade civil extracontratual do Estado na imputação subjectiva do facto ao agente, num juízo de censura, baseado na *ilicitude* e na *culpa*.

G. O pressuposto processual da prévia revogação da decisão jurisdicional danosa compatibiliza-se com o direito europeu e não se apresenta como excessivamente limitador do accionamento do direito à indemnização por erro judiciário, atentas as várias formas, hoje legalmente admitidas de obter a revogação ou reparação da decisão danosa.

H. Não se deve falar em "silêncio" do RRCEE quanto ao direito europeu, já que este direito integra o bloco da legalidade a que o Estado português deve obediência e, consequentemente, integra o erro de direito previsto no artigo 13º, nº 1 do RRCEE.

I. O meio processual adequado a fazer accionar a responsabilidade civil extracontratual do Estado é a acção administrativa comum, segundo a forma de processo em função do valor da causa.

J. Na acção administrativa comum assume a respectiva legitimação activa, o lesado, parte na respectiva acção e legitimação passiva, o Estado português, o qual é o (único) responsável directo.

K. O magistrado, enquanto responsável indirecto, apenas pode ser demandado em acção de regresso, recusando-se a sua intervenção no âmbito da acção de responsabilidade civil.

CONCLUSÕES

L. É de recusar a intervenção do Ministro da Justiça na tomada de decisão dos respectivos Conselhos Superiores (CSM, CSTAF e CSMP), no accionamento do direito de regresso contra o magistrado, por desconformidade com a ordem constitucional estabelecida nos artigos 2º e 203º da lei fundamental e com o sistema mais amplo de competências dos Conselhos Superiores, previsto no artigo 217º da Constituição.

M. Perante o actual regime é de entender pela consagração da responsabilidade civil extracontratual do Estado e dos magistrados, pelos danos causados por erro judiciário, o qual se traduz numa *realidade*, mostrando-se justificadas as limitações legais introduzidas, as quais não diferem significativamente das soluções acolhidas noutros ordenamentos jurídicos.

BIBLIOGRAFIA

AAVV AMARAL, Freitas do/ALMEIDA, Mário Aroso de, *"Grandes linhas da reforma do contencioso administrativo"*, Coimbra, 2002

AAVV CABRAL, Pedro/CHAVES, Mariana de Cima, *"A Responsabilidade do Estado por actos jurisdicionais em Direito Comunitário"*, *in* Revista da Ordem dos Advogados, Ano 66, Setembro 2006

AAVV CANOTILHO, J. J. Gomes/MOREIRA, Vital
– *"Constituição da República Portuguesa Anotada"*, Coimbra Editora, 1978
– *"Constituição da República Portuguesa Anotada"*, Coimbra Editora, 2007

AAVV CASSIN, R./WALINE, M./LONG, M./ WEIL, P./BRAIBANT, G., *"Les Grands Arrêts de la Jurispudence Administrative"*, Sirey

AAVV FRANCO, José Melo/MARTINS, Herlander Antunes, *"Dicionário de Conceitos e Princípios Jurídicos"*, Almedina, 3ª edição, 1991

AAVV FREITAS, José Lebre de/MENDES, Armindo Ribeiro, *"Código de Processo Civil Anotado"*, Volume 3º, Coimbra Editora, 2003

AAVV LAUBADÈRE, André de/VENEZIA, Jean-Claude e GAUDEMET/Yves, *"Traité de Droit Administratif"*, Tome 1, L.G.D.J., 11ᶜ Édition, 1990

AAVV MIRANDA, Jorge/MEDEIROS, Rui,
– *"Constituição da República Portuguesa Anotada"*, Vol. I, Coimbra Editora, 2005
– *"Constituição da República Portuguesa Anotada"*, Vol. I, Coimbra Editora, 2ª ed., 2010

AAVV SOUSA, Marcelo Rebelo de/MATOS, André Salgado de, *"Responsabilidade Civil Administrativa. Direito Administrativo Geral"*, Tomo III, Dom Quixote, 2008

AAVV VARELA, Antunes/BEZERRA, J. Miguel e NORA/Sampaio e, *"Manual de Processo Civil"*, Coimbra Editora, 2ª edição, 1985

ACOSTA, Luís Sanz, *"Responsabilidad civil judicial"*, *in "La responsabilidad personal del juez"*, AJFV, Thomson Civitas, 2008

AFONSO, Orlando Viegas Martins
– *"A independência do poder judicial"*, *in "Sub Judice, Justiça e Sociedade"*, *"Para uma nova Cultura Judiciária"*, nº 14, Janeiro-Março, 1999
– *"Poder Judicial – Independência in Dependência"*, Almedina, 2004

ALEXANDRE, Isabel, *"O caso julgado na jurisprudência constitucional portuguesa"*, *in "Estudos em Homenagem ao Conselheiro José Manuel Cardoso da Costa"*, Coimbra Editora, 2003

ALMEIDA, Mário Aroso,
– *"Sobre a Autoridade do Caso Julgado das Sentenças de Anulação de Actos Administrativos"*, Almedina, 1994
– *"A Responsabilidade do legislador no âmbito do artigo 15º do novo regime introduzido pela Lei nº 67/2007, de 31 de Dezembro"*, in Julgar, nº 5, Maio-Agosto de 2008

ALT, Eric, *"A Qualidade da Decisão Judicial"*, in Julgar, nº 5, Maio-Agosto de 2008

ALVES, Luísa Verdelho, *"Tutela ressarcitória e outras respostas do sistema de justiça da comunidade europeia perante o incumprimento dos Estados"*, in Revista de Ciências Empresariais e Jurídicas, Instituto Superior de Contabilidade e Administração do Porto

AMARAL, Diogo Freitas do Amaral
– *"A Responsabilidade da Administração no Direito Português"*, in Estudos de Direito Público e Matérias Afins, Vol. I, Almedina, 2004
– *"A Crise da Justiça"*, in Estudos de Direito Público e Matérias Afins, Vol. II, Almedina, 2004

AMARAL, Maria Lúcia,
– *"Responsabilidade do Estado e Dever de Indemnizar do Legislador"*, Coimbra Editora, 1998
– *"A Responsabilidade do Estado-legislador: Reflexões sobre uma reforma"*, in II Colóquio "A Responsabilidade Civil Extracontratual do Estado" (Trabalhos Preparatórios da Reforma), Coimbra Editora, 2002

ANDRADE, João Carlos Vieira de,
– *"Panorama geral do Direito da Responsabilidade «Civil» da Administração Pública em Portugal"*, in *"La responsabilidad patrimonial de los poderes públicos"*, Madrid, 1999
– *"A responsabilidade por danos decorrentes do exercício da função administrativa na nova lei sobre responsabilidade civil extracontratual do Estado e demais entes públicos"*, in Revista de Legislação e Jurisprudência, Ano 137º, nº 3951, Julho-Agosto de 2008

AROCA, Montero, *"Responsabilidad civil del Juez y del Estado por la actuación del poder judicial"*, Tecnos, Madrid, 1988

BENTO, Messias José Caldeira, *"Reflectindo sobre o poder dos juízes"*, in "Estudos em Homenagem ao Conselheiro José Manuel Cardoso da Costa", Coimbra Editora, 2003

CADILHA, Carlos Alberto Fernandes, *"Regime da Responsabilidade Civil Extracontratual do Estado e Demais Entidades Públicas Anotado"*, Coimbra Editora, 2008

CAETANO, Marcello, *"Responsabilidade da Administração Pública"*, in "O Direito", Ano 95º, Fasc. Nº 3, Julho-Setembro, 1963

CANOTILHO, José Joaquim Gomes, *"Direito Constitucional"*, Almedina, 1991

CAPPELLETTI, Mauro, *"Giudici Irresponsabili?"*, Milão, 1988

CARRETERO, Juan Pedro Quintana, *"Poder judicial y responsabilidad: la responsabilidad judicial"*, in "La responsabilidad personal del Juez", AJFV, Thomson Civitas, 2008

CATARINO, Luís Guilherme,
– *"A Responsabilidade do Estado-Juiz? (alguns aspectos a propósito dos «casos» Lowry e Assento nº 1/99)"*, Revista do Ministério Público, nº 77, Janeiro-Março 1999
– *"A Responsabilidade do Estado pela Administração da Justiça – O Erro Judiciário e o Anormal Funcionamento"*, Almedina, 1999
– *"Responsabilidade por facto jurisdicional – contributo para uma reforma do sistema geral de responsabilidade civil extracontratual do Estado"*, in II Colóquio "A Responsabilidade Civil Extracontratual do Estado" (Trabalhos Preparatórios da Reforma), 2001

CAUPERS, João,
– *"Sobre o Estado do Estado"*, in AB VNO AD OMNES 75 anos da Coimbra Editora 1920-1995", Coimbra Editora, 1998
– *"Responsabilidade pelo exercício da função jurisdicional"*, in Cadernos de Justiça Administrativa nº 40, Julho-Agosto 2003

– "*Os malefícios do tabaco*", Anotação ao Acórdão do Tribunal Constitucional nº 236/2004, de 13.4.2004, P. 92/2003, *in* Cadernos de Justiça Administrativa, nº 46, Julho-Agosto de 2004

CORTÊS, Margarida,

– "*A Responsabilidade Civil da Administração por danos decorrentes de actos administrativos ilegais (Relação entre a ilegalidade e responsabilidade civil: dimensões material e processual do problema)*", *in* "Seminário Permanente de Direito Constitucional e Administrativo", Volume I, Associação Jurídica de Braga, Departamento Autónomo de Direito da Universidade do Minho, 1999

– "*Responsabilidade Civil da Administração por actos administrativos ilegais e concurso de omissão culposa do lesado*", Boletim da Faculdade de Direito, STVDIA IVRIDICA 52, Universidade de Coimbra, Coimbra Editora, 2000

– "*Contributo para uma reforma da lei da responsabilidade civil da Administração*", *in* II Colóquio "A Responsabilidade Civil Extracontratual do Estado" (Trabalhos Preparatórios da Reforma), Coimbra Editora, 2002

CUNHA, Maria Filomena, "*Erro judiciário*", *in* Revista do CEJ, 1º Semestre 2009, número 11

DIAS, Jorge Figueiredo, "*A «pretensão» a um juiz independente*", *in* "Sub Judice, Justiça e Sociedade", "*Para uma nova Cultura Judiciária*", nº 14, Janeiro-Março, 1999

DIAS, Nélia Daniel, "*A Responsabilidade Civil do Juiz*", DisLivro, 2005

DUARTE, Maria Luísa, "*A Cidadania da União e a Responsabilidade dos Estados por violação do Direito Comunitário*", Lex, 1994

GARCIA, Maria da Glória Ferreira Pinto Dias

– "*Da Justiça Administrativa em Portugal. Sua origem e evolução*", Universidade Católica Editora, Lisboa, 1994

– "*A Responsabilidade Civil do Estado e Demais Pessoas Colectivas Públicas*", Conselho Económico e Social, Série "*Estudos e Documentos*", Lisboa, 1997

GASPAR, António Henriques, "*O tempo judiciário e a qualidade da decisão*", *in* Julgar, nº 5, Maio-Agosto de 2008

GOMES, Carla Amado

– "*A Responsabilidade Civil Extracontratual da Administração por facto Ilícito*", *in* "Três Textos sobre o Novo Regime da Responsabilidade Civil Extracontratual do Estado e demais Entidades Públicas", Associação Académica da Faculdade de Direito de Lisboa, 2008

– "*As novas Responsabilidades dos Tribunais Administrativos na Aplicação da Lei 67/2007, de 31 de Dezembro*", *in* "Textos Dispersos sobre Direito da Responsabilidade Civil Extracontratual das Entidades Públicas", Associação Académica da Faculdade de Direito de Lisboa, 2010

– "*A Responsabilidade Civil do Estado por Actos Materialmente Administrativos praticados no Âmbito da Função Jurisdicional no Quadro da Lei 67/2007, de 31 de Dezembro*" *in* "Textos Dispersos sobre Direito da Responsabilidade Civil Extracontratual das Entidades Públicas", Associação Académica da Faculdade de Direito de Lisboa, 2010

– "*O Livro das Ilusões: A responsabilidade do Estado por violação do Direito Comunitário, apesar da Lei 67/2007, de 31 de Dezembro*", *in* "Textos Dispersos sobre Direito da Responsabilidade Civil Extracontratual das Entidades Públicas", Associação Académica da Faculdade de Direito de Lisboa, 2010

GONÇALVES, Cunha, "*A Responsabilidade da Administração Pública pelos Actos dos seus Agentes*", Coimbra, 1905

FERREIRA, Paulo Marrecas, "*O Recorte Impreciso e Fluido do que poderia ser subsumível ao Erro Judiciário na Jurisprudência do Tribunal Europeu dos Direitos do Homem*", *in* Julgar, nº 5, Maio-Agosto de 2008

FIGUEIRA, Álvaro Reis, *"Sistemas Políticos, Paradigmas Judiciários, Modelos de Magistratura"*, in *"Estudos em Homenagem a Francisco José Velozo"*, Escola de Direito, Universidade do Minho, 2002

FONSECA, Guilherme da, *"A Responsabilidade Civil por Danos Decorrentes do Exercício da Função Jurisdicional (Em Especial, o Erro Judiciário)"*, in Julgar, nº 5, Maio-Agosto de 2008

HAURIOU, Maurice, *"Précis élémentaire de Droit Administratif"*, 5ª ed., 1943

IBÁÑEZ, Perfecto Andrés, *"A Profissão de Juiz, Hoje"*, in Julgar, nº 1, Janeiro-Abril de 2007

JACINTO, Francisco Teodósio, *"O Recrutamento e a Formação de Magistrados em Portugal"*, in *"Estudos em homenagem a Cunha Rodrigues"*, Vol. I, Coimbra Editora, 2001

LARENZ, Karl, *"Metodologia da Ciência do Direito"*, Fundação Calouste Gulbenkian, 4ª edição, 2005

MACHETE, Rui Chancerelle
– *"A Acção para Efectivação da Responsabilidade Civil Extracontratual"*, in *"Estudos de Direito Público"*, Coimbra Editora, 2004
– *"Conceitos Indeterminados e Restrições de Direitos Fundamentais por via Regulamentar"*, in *"Estudos em Homenagem ao Prof. Doutor Joaquim Moreira da Silva Cunha"*, Edição da Faculdade de Direito da Universidade de Lisboa, Coimbra Editora, 2005

MEDEIROS, Rui,
– *"Ensaio sobre a Responsabilidade Civil do Estado por Actos Legislativos"*, Almedina, 1992
– *"A Decisão de Inconstitucionalidade – Os Autores, o Conteúdo e os Efeitos da Decisão de Inconstitucionalidade da Lei"*, Universidade Católica Editora, 1999
– *"Brevíssimos tópicos para uma reforma do contencioso da responsabilidade"*, in CJA nº 16, Julho/Agosto, 1999

– *"A responsabilidade civil pelo ilícito legislativo no quadro da reforma do Decreto-Lei nº 48 051"*, in *"II Colóquio "A Responsabilidade Civil Extracontratual do Estado"* (Trabalhos Preparatórios da Reforma), Coimbra Editora, 2002

MENDES, Castro, *"Direitos, liberdades e garantias – Alguns aspectos gerais"*, in *"Estudos sobre a Constituição"*, 1º Vol., Livraria Petrony, 1977

MESQUITA, Maria José Rangel de,
– *"Responsabilidade do Estado e Demais Entidades Públicas: o Decreto-Lei nº 48051, de 21 de Novembro de 1967 e o Artigo 22º da Constituição"*, in *"Perspectivas Constitucionais – Nos 20 anos da Constituição de 1976"*, Coimbra Editora, 1997
– *"Âmbito e pressupostos da responsabilidade civil do Estado pelo exercício da função jurisdicional"*, in Revista do CEJ, 1º Semestre 2009, número 11
– *"O Regime da Responsabilidade civil extracontratual do Estado e demais Entidades Públicas e o Direito da União Europeia"*, Almedina, 2009
– *"Irresponsabilidade do Estado-Juiz por incumprimento do Direito da União Europeia: um acórdão sem futuro – Ac. do STJ de 3.12.2009, P. 9180/07.3TBBRG.G1.S1"*, in Cadernos de Justiça Administrativa nº 79, Janeiro-Fevereiro de 2010

MIRANDA, Jorge,
– *"Manual de Direito Constitucional"*, Tomo II, 3ª edição, Coimbra Editora, 1996
– *"Manual de Direito Constitucional"*, Tomo IV, 4ª edição, Coimbra Editora, 2008

MONCADA, Luís Cabral de, *"Responsabilidade Civil Extra-Contratual do Estado"*, Edição Abreu & Marques, Vinhas e Associados, 2008

MONTEIRO, Jorge F. Sinde, *"Estudos sobre a Responsabilidade Civil"*, Coimbra, 1983

MOREIRA, Fernando Azevedo, *"Conceitos Indeterminados. Sua sindicabilidade contenciosa em Direito Administrativo"*, Lisboa, 1985

BIBLIOGRAFIA

NAVARRO, Maria Luísa Atienza, *"La responsabilidad civil del Juez"*, Tirant to Blanch, Valência, 1997

NETO, Luísa, *"A (Ir)responsabilidade dos Juízes"*, *in* Revista da Faculdade de Direito da Universidade do Porto, Vol. III, 2006

NEVES, Castanheira, *"Entre o «legislador», a «sociedade» e o «juiz» ou entre «sistema», «função» e «problema» – os modelos actualmente alternativos da realização jurisdicional do Direito"*, Revista de Legislação e Jurisprudência, 131º, Ano 1998-1999, nºs. 3886-3897

OLIVEIRA, Ana Perestrelo de, *"Arbitragem de Litígios com Entes Públicos"*, Almedina, 2007

OLIVEIRA, Heloísa, *"Jurisprudência comunitária e Regime Jurídico da Responsabilidade Extracontratual do Estado e demais Entidades Públicas – Influência, omissão e desconformidade"*, *in* "O Direito", Ano 142º, 2010, I

OTERO, Paulo, *"Ensaio sobre o caso julgado inconstitucional"*, Lex, Lisboa, 1993

PEDRO, Ricardo, *"Contributo para o estudo da responsabilidade civil extracontratual do Estado por violação do direito a uma decisão em prazo razoável ou sem dilações indevidas"*, AAFDL, 2010

PEREIRA, João Aveiro, *"A Responsabilidade Civil por Actos Jurisdicionais"*, Coimbra Editora, 2001

POZO, Miguel Ángel Encinar del, *"La responsabilidad penal de los jueces y magistrados"*, *in* *"La responsabilidad personal del juez"*, AJMV, Thomson, 2008

QUADROS, Fausto de, (Coordenação de), *"Responsabilidade Civil Extracontratual da Administração Pública"*, Almedina, 2ª ed., 2004

QUEIRÓZ, Cristina, *"Interpretação Constitucional e Poder Judicial – Sobre a Epistemologia da Construção Constitucional"*, Coimbra Editora, 2000

RANGEL, Paulo Castro, *"Repensar o Poder Judicial – Fundamentos e Fragmentos"*, Publicações Universidade Católica, Porto 2001

RAWLS, Jonh, *"Uma Teoria da Justiça"*, Editorial Presença, 2ª edição, 2001

RESPONSABILIDAD DEL ESTADO Y DE LAS ADMINISTRACIONES PUBLICAS, "Monografias de Jurisprudência 2", La Ley, 1992

RESPONSABILIDAD DISCIPLINARIA DE LOS JUECES, La Ley, Ano XXX, número 7118, 19 de Fevereiro de 2009

RODRIGUES, José Narciso Cunha, *"Para onde vai a justiça?"*, *in* *"Sub Judice, Justiça e Sociedade"*, *"Para uma nova Cultura Judiciária"*, nº 14, Janeiro-Março, 1999

SERRA, Vaz, *"Responsabilidade civil do Estado e dos seus órgãos e agentes"*, in BMJ, nº 85, 1959

SILVERI, Francesco Staderini-Angela, *"La Responsabilità nella Pubblica Amministrazione"*, CEDAM, 2ª ed., 1998

SILVA, Jorge Pereira da,
– *"Dever de legislar e protecção jurisdicional contra omissões legislativas"*, Universidade Católica, Lisboa, 2003
– *"Lei nº 67/2007, de 31 de Dezembro: Um novo Paradigma da Responsabilidade dos Poderes Públicos?"*, inédito, fornecido pelo autor

SILVA, Paula Costa e, *"A ideia de Estado de Direito e a responsabilidade do Estado por erro judiciário: The King can do [no] wrong"*, in O Direito, Ano 142º, 2010, I

SILVA, Suzana Tavares da, *"Um Novo Direito Administrativo?"*, Imprensa da Universidade de Coimbra, 2010

SOUSA, António Francisco, *"Conceitos Indeterminados no Direito Administrativo"*, Almedina, 1994

SOUSA, Miguel Teixeira de, *"Estudos sobre o Novo Processo Civil"*, Lex, 2ª edição, 1997

STOUCO, Rui, *"Responsabilidade do Estado por erro judiciário"*, in BuscaLegis.ccj.ufsc.br

TRIGO, Maria da Graça, *"Responsabilidade Civil Delitual por Facto de Terceiro"*, Coimbra Editora, 2009

VARELA, João de Matos Antunes, *"Das Obrigações em geral"*, vol. I, 7ª edição, Almedina

VAZ, Manuel Afonso, *"A Responsabilidade Civil do Estado – Considerações breves sobre o seu estatuto constitucional"*, Universidade Católica Portuguesa, Porto, 1995

YÁGUES, De Ángel, *"Tratado de responsabilidad civil"*, Civitas, Madrid

ÍNDICE

ABREVIATURAS	5
NOTA INTRODUTÓRIA	13

1. Da responsabilidade civil pelo exercício da função jurisdicional	17
1.1. Dados históricos: da irresponsabilidade à responsabilidade civil	17
1.2. A função de julgar – binómio independência/responsabilidade	24
2. Da responsabilidade civil por erro judiciário	31
2.1. Delimitação subjectiva: os responsáveis da obrigação de indemnizar	32
2.2. Delimitação objectiva: que "decisão jurisdicional"?	40
3. Pressupostos materiais do dever de indemnizar	43
3.1. Do erro grosseiro de facto	48
3.2. Do erro manifesto de direito	51
4. Do pressuposto processual da prévia revogação da decisão jurisdicional	59
5. Responsabilidade objectiva/subjectiva?	71
5.1. Responsabilidade civil do Estado-juiz	72
5.2. Responsabilidade civil do magistrado	77
6. A acção de responsabilidade	85
6.1. Órgão jurisdicional competente	85
6.2. Meios processuais	90
6.3. Prazo de accionamento do direito à indemnização	91
6.4. Capacidade e representação judiciária	92
6.5. Legitimação activa e passiva	93
7. Conclusões	97